图书馆文献资源建设与利用研究

蔡平秋 著

北京工业大学出版社

图书在版编目（CIP）数据

图书馆文献资源建设与利用研究 / 蔡平秋著． — 北京：北京工业大学出版社，2020.12（2021.11重印）
ISBN 978-7-5639-7748-2

Ⅰ．①图… Ⅱ．①蔡… Ⅲ．①图书馆工作－文献资源建设－研究 Ⅳ．① G253

中国版本图书馆 CIP 数据核字（2020）第 247946 号

图书馆文献资源建设与利用研究

TUSHUGUAN WENXIAN ZIYUAN JIANSHE YU LIYONG YANJIU

著　　者：	蔡平秋
责任编辑：	任军锋
封面设计：	知更壹点
出版发行：	北京工业大学出版社
	（北京市朝阳区平乐园 100 号　邮编：100124）
	010-67391722（传真）　　bgdcbs@sina.com
经销单位：	全国各地新华书店
承印单位：	三河市明华印务有限公司
开　　本：	710 毫米 ×1000 毫米　1/16
印　　张：	11.75
字　　数：	235 千字
版　　次：	2020 年 12 月第 1 版
印　　次：	2021 年 11 月第 2 次印刷
标准书号：	ISBN 978-7-5639-7748-2
定　　价：	58.00 元

版权所有　　翻印必究

（如发现印装质量问题，请寄本社发行部调换 010-67391106）

作者简介

蔡平秋,女,1972年11月出生,大学本科,副研究馆员,现任攀枝花市图书馆业务副馆长。其主要研究方向为图书馆阅读推广、文献资源建设,在《四川图书馆学报》《河南图书馆学刊》《图书情报》等行业刊物上发表论文10余篇。

前　言

　　文献资源建设是图书馆和其他类型信息机构的核心工作。随着信息技术的发展、网络环境的形成和"互联网+"时代的到来，文献资源建设的理论体系、采访工作、组织管理、开发利用、资源评价、保障体系和共建共享都发生了根本性变化。如何有效建设新时期图书馆文献资源，最大限度地实现图书馆文献资源的充分利用等相关问题，成为图书馆工作者积极研究的重要课题之一。

　　本书共六章。第一章为绪论，主要阐述了图书馆、文献及文献资源的定义、图书馆文献资源建设的重要性等内容；第二章为图书馆文献资源建设和信息应用的现状，主要阐述了图书馆文献资源建设和图书馆信息应用的实际情况等内容；第三章为图书馆文献资源的类型，主要阐述了图书文献、连续出版物、期刊文献、特种文献和网络文献信息资源等内容；第四章为图书馆文献信息资源的建设，主要阐述了图书馆的文献需求、图书馆文献资源的选择与采购、图书馆文献信息资源建设的内容和图书馆文献资源的配置与布局等内容；第五章为图书馆文献资源的检索，主要阐述了图书馆信息检索概述、文献资源检索工具、图书馆文献资源检索需求及路径等内容；第六章为图书馆文献信息资源的利用，主要阐述了图书馆文献资源的利用状况、图书馆文献资源的管理与利用等内容。

　　为了确保研究内容的丰富性和多样性，笔者在写作过程中参考了大量理论与研究文献，在此向涉及的专家学者表示衷心的感谢。

　　最后，限于笔者水平，加之时间仓促，本书难免存在一些不足之处，在此，恳请同行专家和读者朋友批评指正！

目 录

第一章 绪 论 1
    第一节 认识图书馆 1
    第二节 文献及文献资源的定义 10
    第三节 图书馆文献资源建设的重要性 25

第二章 图书馆文献资源建设和信息应用的现状 27
    第一节 图书馆文献资源建设的现状 27
    第二节 图书馆信息应用的现状 36

第三章 图书馆文献资源的类型 53
    第一节 图书文献 53
    第二节 连续出版物 62
    第三节 期刊文献 65
    第四节 特种文献 77
    第五节 网络文献信息资源 100

第四章 图书馆文献信息资源的建设 115
    第一节 图书馆的文献需求 115
    第二节 图书馆文献资源的选择与采购 130
    第三节 图书馆文献信息资源建设的内容 136
    第四节 图书馆文献资源的配置与布局 148

第五章 图书馆文献资源的检索 ·················· 157
第一节 图书馆信息检索概述 ·················· 157
第二节 文献资源检索工具 ···················· 162
第三节 图书馆文献资源检索需求及路径 ········ 167

第六章 图书馆文献信息资源的利用 ·············· 173
第一节 图书馆文献资源的利用状况 ············ 173
第二节 图书馆文献资源的管理与利用 ·········· 174

参考文献 ·································· 177

第一章 绪 论

自古以来,书籍都是帮助人类不断进步的最有力工具,因为人类社会的发展,并不是依靠某一个人的智慧,而是一代又一代人的知识、智慧不断积累的必然结果。一个人的智慧是有限的,同样,一本书含有的知识也是有限的。所以,图书馆是非常重要的。本章分为认识图书馆、文献及文献资源的定义、图书馆文献资源建设的重要性三部分。

第一节 认识图书馆

一、图书馆的概念

图书馆在《中国大百科全书(图书馆学卷)》中的定义是:"图书馆是收集、整理和保存文献资料并供读者利用的科学、文化、教育机构。"我们从这个概念中了解到图书馆不仅与科学、文化相联系,还与教育相联系。如学校的教育由教师、图书馆、实验室三大部分组成。这三者相互联系,缺一不可,否则学校教育就不完善。因此,在科技迅猛发展、新知识层出不穷的时代,学生更需要学会利用图书馆进行学习。

二、图书馆的产生与发展

(一)图书馆的产生

最初形态的图书馆实际是文献的集合体。文献是图书馆产生的前提条件,文献交流是图书馆产生的社会根源。

交流是人类社会存在和发展的基本条件。自从人猿分野之后,人类在共同的社会劳动中，需要表达思想，交换意见，积累经验，进行物质和精神方面的交流。但是在文字出现以前，人们思想感情和生产经验的交流，只能靠耳口相传，既不能传递很远，也不能世代保存。后来人们经过结绳、刻木记事等长期探索，终于创造出一种有效的象征符号——文字。文字必须要有相应的载体来体现，二者相结合便产生了记录的文字——文献。图书文献是人们表达思想、保存记忆、交流经验的工具。人类运用文字使外界刺激抽象化，形成概念，并通过概念进行推理，了解事物的本质。人类只有通过文字记录才能超越自己生活的自然环境，使通信成为可能，使积累的知识世代相传。所以文字及其记录的出现，大大提高了社会交流的广度和深度，拉开了人类文明史的序幕。

亚洲、非洲的大河流域，土壤肥沃，水源充足，利于人类定居和耕作，成为人类文明的发源地，因而文字记录首先在这些地区产生和发展起来。当文字记录的各种文献资料增长到一定数量时，个人和社会集团就难以凭借自身的能力和条件有效地搜集和利用这些资料。为了汇集和管理源源不断涌现的文字记录，以服务社会实践，人类社会产生了新的分工，出现了搜集、整理、保存各种文献典籍的机构，这就是最初形态的图书馆。

中国是世界文明古国之一，历史悠久，文化灿烂，关于图书馆的起源可以追溯到遥远的古代。早在公元前4000年的仰韶文化时期，我国就有了22个符号的半坡象形文字，在公元前13世纪形成了系统的甲骨文，用以记录文字的载体有龟甲、兽骨、青铜、竹木、缣帛等材料。《尚书·多士》篇记载："唯殷先人，有册有典。"在1899年河南安阳小屯村殷墟遗址发现的十万片甲骨上面，刻有会意、假借、形声等4000多个文字，记录了有关征伐、狩猎、祈祷及宫廷生活等方面的内容，并按照一定的顺序存放在宫廷内。后来，随着文献记录资料的不断增多，出现了保管这些历史文献的史官。《史记》记载老子曾任周朝"守藏室之史"，掌管四方之志、三皇五帝之书。这说明早在春秋时期，就有了主管藏书的机构和官员。

（二）古代图书馆

1. 中西方古代图书馆产生的文化基础

图书馆事业作为文化事业的一个有机组成部分，必然受到文化发展特点的制约。从宏观角度看，中国传统文化以儒学发展为主要形态，而西方文化以古希腊哲学为主体。纵观中国古代文化发展，有一个高潮时期，即诸子学术时代。中国的古代文化处于稳定持续的发展中。西方传统文化经历了两个高潮时期，即古希腊的哲学启蒙时期和文艺复兴时期。与文化发展相应的图书馆事业基本上也呈现出同样的宏观特征。

就中国而言，从巫吏文化时代到诸子学术时代为一次文化发展高潮，也是图书馆事业形成的时期。从西汉至清朝末年是以儒学为主体的文化发展时期，也是我国图书馆事业的稳定发展时期。这时期的图书馆事业的主要特征是在国家藏书事业稳定持续发展的基础上，私人藏书事业逐渐兴盛。这一时期是我国古代图书馆事业由形成走向成熟的过程。

在西方，古希腊图书馆形成于哲学启蒙时期。这一时期出现了亚里士多德书库这样公开的私人文库，以及因藏书数量众多而闻名于世的亚历山大图书馆。古罗马初期的宫廷图书馆也是这一时代图书馆事业繁荣的标志之一。12世纪以后，欧洲文化界开始"复兴"。与此同时，图书馆事业也开始复苏，首先在大学相继出现了学术性的图书馆，然后是私人文库公开，成为近代公共图书馆形成的开端。

2. 中西方古代图书馆产生原因

中国的图书馆源于政治统治的需要，西方的图书馆源于学术交流的拓展。中国文化从一开始就形成了特有的巫吏文化。巫吏作为上古时期的主要文化知识掌握者，也是那时的图书馆管理员。据《周礼》所载，西周已有较为完整的国家藏书体系，从机构、藏书、人员到管理方法都有比较系统的组织。事实上，周朝的国家藏书主要是档案，而非一般的学术文化著作。图书馆建立的目的不是学术需要，更不是为了阅览外借，而是为了满足政治上的需要，这种形式一直延续到汉初。学术性图书馆的出现，是从诸子私藏开始的，但并未形成真正意义上的图书馆（或藏书楼）。汉武帝时期以后，国家图书馆的学术性加强了。但是，其为社会政治服务的基本宗旨没有改变。

在古希腊，显然没有形成像中国古代那样完整的国家图书馆系统。如同古希腊的文化起源于各个独立的个体，不受任何政治因素的影响一样，古希腊的图书馆事业也是独立的学术交流的产物。私人的图书馆有亚里士多德的雅典学园书库等。公元前6世纪的雅典僭主和萨摩斯岛僭主都曾为市民提供过书籍。传说古罗马皇帝奥古斯图斯建造的神殿中的图书馆也曾向民众开放。显然，图书馆的开放性同学术交流的发达程度是密切相关的。

（三）近代图书馆

近代图书馆是伴随着资本主义制度的形成，由古代图书馆演变而来的。18世纪中叶，英国的产业革命使资本主义开始在西方萌芽，为图书馆事业的发展创造了新的条件。大机器生产需要工人在具备文化知识的前提下掌握技术工艺，因而资产阶级政府不但普及学校教育，而且兴办面向社会开放的新型图书馆，以提高劳动者的科学文化素质。在这种情况下，欧洲一些国家的图书馆纷纷从王宫、教堂脱离出来，成为面向社会开放的近代图书馆。

近代图书馆出现的主要标志是公共图书馆的建立。1850年对于世界图书馆事业具有重要意义，这一年英国颁布了世界上第一部有关图书馆的法律——《公共图书馆法》，它的倡导者——英国著名图书馆学家罗伯特·爱德华兹因此而名载史册。爱德华兹希望建立一种由地方政府授权管理，由地方税收支持，对所有纳税人（实际也就是所有社会公众）免费开放的图书馆。历史证明，只有建立这样一种机构、制度，才能真正改变知识被少数人垄断的局面，使广大社会公众获得平等享有知识的机会。1852年在英国曼彻斯特建立的公共图书馆，虽然不是世界上第一个公共图书馆，但却是英国《公共图书馆法》颁布以后建立的第一所公共图书馆。

我国近现代图书馆是在西方文化传入后发展起来的。旧时代的藏书楼不断解体，为公众服务的公共图书馆不断出现。1903年，我国第一个公共图书馆——文华大学图书馆在武昌建立。1904年，湖北省图书馆和湖南省图书馆也相继建立。我国国家图书馆的前身京师图书馆也于1912年对外开放。1925年，中华图书馆协会成立。

（四）现代图书馆

信息技术的应用使图书馆进入了现代化发展时期。现代图书馆的主要标志是计算机技术在图书馆的应用，这句话没有错，但是在技术的背后我们应该看到更本质的变化。现代图书馆与传统图书馆本质的区别，集中表现为以服务为中心还是以保存为中心。

现代图书馆的整个运行机制是以服务为中心的，其业务活动的每一个环节都与读者服务有关。图书馆的藏书体系及服务内容经常会根据读者的信息需求进行调节，以适应不断变化的发展环境。只有这样，图书馆才能形成一个动态的、发展的、变化的信息系统。

三、图书馆的职能

（一）保存人类文化遗产

图书馆的产生源于保存人类文化遗产的需要。有了图书馆，人类社会实践所获得的经验、文化、知识才得以系统地保存并流传下来，成为今天人类宝贵的文化遗产和精神财富。

（二）开展社会教育

近代大工业的产生要求劳动者具备较多的劳动知识和劳动技能，图书馆因此真正走入平民百姓生活中，担负起传播科学知识、进行文化教育的任务。现代社会，图书馆成为继续教育、终身教育的基地，担负了更多的教育职能。

（三）传递科学情报

传递科学情报是现代图书馆的一项重要职能。图书馆丰富、系统、全面的文献信息资料，为图书馆从事科学情报传递工作提供了物质条件。在信息社会，图书馆传递科学情报的职能得到加强。

（四）开发智力资源

图书馆收藏的文献资源是人类长期积累的一种智力资源。图书馆对这些资源进行加工、处理是对这种智力资源的开发。同时，图书馆将这些文献资源提供给用户，是在开发图书馆用户的脑力资源。换言之，图书馆承担有人才培养的职能。

（五）提供文化娱乐

图书馆提供的服务满足了社会对文化娱乐的需要，丰富和活跃了人民群众的文化生活，在精神文明建设中具有不可或缺的地位。

四、现代图书馆的基本类型

随着社会分工日益向专门化方向发展，图书馆也出现了多种不同的类型，从而满足不同人群对信息的需求。图书馆类型的划分既肯定了自然形成的图书馆类型，又概括了不同类型图书馆的特点。

（一）图书馆类型划分的作用

1.有助于明确图书馆的根本目标

为了明确不同类型图书馆的职能、组织结构和工作内容，我们需要认真审视现有的图书馆类型。正确划分图书馆的类型，对图书馆工作目标的确定有着重要的意义，能够使图书馆明确自己在整个图书馆系统或社会信息系统中的地位和分工。对于特定的图书馆而言，首先应该树立一个长远的目标，然后针对这一目标采取一系列的措施。

图书馆是服务于读者和用户的，所以图书馆的基本宗旨就是满足他们的信息需求。由此可见，明确服务对象及其需求，对于图书馆事业的发展非常重要。

作为一个具体、独立的图书馆，有些问题关系图书馆工作目标的确定，图书馆需要明确的问题包括：①我要为哪些读者、用户服务；②我的服务要达到怎样的水平；③我要满足读者、用户的哪些基本要求。

2. 有助于实现图书馆系统的高效性

工业革命带来了社会分工的专业化，这不仅促进了科学技术的进步，提高了管理效率，还进一步提高了劳动生产者的生产熟练程度，节约了各种人力和物力资源。因此，作为整个图书馆系统的一种分工，图书馆类型的划分提高了图书馆工作的专业度以及服务能力，有利于图书馆资源的合理配置。

社会上的读者千千万万，有各种不同的类型，也有不同的信息需求，这些需求是单个图书馆的职能很难满足的。因此，为了针对不同需求的读者和用户群体发展图书馆的文献信息资源，我们必须有针对性地划分图书馆的类型。

3. 有助于图书馆之间的协作

不同类型的图书馆有着不同的功能和服务对象，它们共同组成我们的文献信息资源系统。图书馆类型划分的目的是使有限的社会信息资源发挥最大的效用。

划分图书馆的类型，不仅整合了现有的图书馆类型，还促进了不同类型的图书馆之间的分工协作，使它们各司其职、各负其责，并为特定的读者、用户提供专业化的、高质量的服务。在信息技术快速发展的今天，图书馆的类型划分应该着眼于对图书馆系统的整体规划和指导，使之形成一个分工明确、突出重点、优势互补的图书馆系统，从而满足社会各个方面的信息需求。

从政府角度来看，政府的职责包括满足全社会的文献信息资源需求、保持社会信息系统的完整性，这就要求我们科学合理地划分图书馆的类型，从而确定图书馆的分布，促进图书馆资源的共享。

我们对图书馆的类型进行划分就是要明确不同类型图书馆的不同特点和它们的发展规律，明确这些图书馆在社会信息系统中的位置、职责和任务，进而为其资源配置、目标规划和服务定位提供相应的理论依据，充分发挥各类型图书馆的作用。

（二）图书馆类型划分的依据

影响图书馆类型划分的主要因素，就是划分图书馆类型的主要依据。确定划分图书馆类型的依据，我们需要先了解各种类型图书馆之间的相同之处和具体差异。

1. 图书馆的资金来源

每个图书馆的创建和发展都离不开资金的支持，并且图书馆在经济上存在一定的依附性。这是因为图书馆作为一种社会组织，具有公益性，其本身创造的经济效益并不能满足自身的需求。所以，不同的资金来源成为划分图书馆类型的依据。例如，个人图书馆的资金主要来自个人，公立图书馆的资金主要来自政府，民办图书馆的资金主要来自民间捐赠。

2. 图书馆的管理体制

谁控制整个图书馆，谁确定图书馆的资金投入、服务对象和日常监督，这些关系着图书馆管理体制的确定。不同的管理者构成的管理体制也是图书馆类型划分的依据。例如，有些图书馆归研究所领导管理，高校图书馆由其所在学校管理，公立图书馆由政府管理。

3. 读者和用户的需求

图书馆服务的对象是读者和用户，他们是实际利用图书馆资源的人。图书馆的一切活动都围绕读者、用户进行，紧紧抓住读者、用户的信息需求，并根据特定读者群、用户群的信息需求来发展信息资源体系。在这个目标的运转过程中，图书馆形成了自己的文献资源特色，进而使图书馆的组织结构和服务方向受到影响，形成不同类型的图书馆。

4. 图书馆的文献资源体系

图书馆在发展过程中会逐渐形成有自己特色的文献资源体系。这些文献资源体系具有一定的针对性，有些是针对不同专业领域，有些是针对不同的读者和用户，有些是针对不同的文献载体，有些是针对不同的语言或民族。因此，图书馆划分为自然科学图书馆、数字图书馆、复合型图书馆、民族图书馆等类型。

（三）图书馆的基本类型

各个国家结合本国的社会政治体制、文化传统和国家战略，在各自图书馆的历史发展轨迹中，形成了独特的图书馆类型。不同特色的图书馆类型，影响了图书馆的交流和统计工作，因此图书馆的类型划分问题不可轻视。国际标准化组织（ISO）和国际图书馆协会联合会（IFLA）在1974年公布了图书馆的分类标准，依据这一标准，图书馆分成以下五种类型。

1. 国家图书馆

国家图书馆是负责所在国家获取和保存所有相关文献复本的图书馆，它是承担法定呈缴本功能的图书馆。目前，世界上大多数国家都有自己的国家图书馆，有的不止一所。我国的国家图书馆位于北京，由一个主馆和一个分馆组成，是亚洲最大的图书馆。国家图书馆主要承担如下职能：

①收藏并更新大量的、具有代表性的国外文献，从而建立一个拥有丰富外

文文献资源的国家图书馆。

②参加国际图书馆组织，与国际图书馆界进行合作与交流，遵守国家对外文化协定中有关开展国际书刊交换和国际互借工作的规定。

③作为国家总书库，指导其他图书馆的管理工作，促进相互合作。国家图书馆推动图书馆管理的标准化、规范化、数字化建设工作。

④组织全国性的学术研究工作，为图书馆学的研究提供最新的信息资料，推动我国图书馆学研究发展。

⑤作为国家书目信息中心，履行全国书目中心职责，编辑出版国家书目、联合目录和馆藏目录。国家图书馆在 1997 年成立全国图书馆联合编目中心，在全国范围内组织与管理图书馆计算机联合编目工作，共建网上联合目录，共享书目数据资源和文献资源。当前，随着国家图书馆自动化系统的建立，各种书目数据库和各类专题数据库正在逐步建立和完善。

2.高等教育机构图书馆

高等教育机构图书馆作为高等教育机构的文献资料信息中心，隶属于高等学校职能机构中的教学辅助部门，主要职能是为大学或其他高等教育及教育机构的学生、教师和科研人员提供服务。

高等教育机构图书馆服务的对象是专业水平较高的群体，其在性质、地位、馆藏特色、作用上有别于普通学校图书馆，因此高等教育机构图书馆虽然属于学校图书馆范畴，但我们将其单独作为一种类型的图书馆。

（1）教学任务

高等教育机构图书馆承担高等教育机构的教学任务。高等教育机构图书馆的教学任务是其区别于其他类型图书馆的主要特点。这里的教学任务，除了信息检索方面的课程外，还包括配合学校要求，对学生进行政治思想教育，宣传党和国家的政策和法律，开展读者辅导，为大学生提供工作实践基地等。

（2）基本特点

学术性和服务性是高等教育机构图书馆的基本特点。高等教育机构的图书馆是为本单位提供信息服务的学术性机构，其承担的工作是高等教育机构教学和科研工作的重要组成部分。学术性是指高等教育机构图书馆除了提供图书馆的基本服务外，还积极参与学校的科学研究项目、教学研究项目等专业性较强的研究工作。服务性是指高等教育机构图书馆是以向在校大学生、教师和科研人员提供图书借阅、信息咨询等信息服务为主要工作的部门。

（3）基本类型

高等教育机构图书馆按馆藏情况可以分为综合性和专业性两种类型，其中综合性图书馆是图书馆的主要类型。高等教育机构图书馆在丰富自己的馆藏资源时，主要以学校的专业设置和科研需求为采购依据，进而形成自己的馆藏特色，为学校的教育、科研工作提供帮助。

3. 专业图书馆

专业图书馆是服务于特定的学科、知识领域或特殊地区利益的独立图书馆。它可以分为多种类型，除了根据本系统和单位的信息需求进行信息搜集、整理、保管和提供相应的服务外，还应积极开展深层次的信息研究和项目开发，力求不断向科研人员和领导部门提供最新的信息和发展情况，从而使图书馆不断进步。

专业图书馆主要包括以下几种类型：

①医学图书馆和健康服务图书馆，是为医院或者其他机构的健康服务专业人员提供服务的图书馆。

②地区图书馆，是主要为某一特定地区服务的图书馆，不是国家图书馆网络的一部分。

③工商业图书馆，是工业企业或者商业公司为了满足本单位职工的信息需要，由其上级机构主办的内部图书馆。

④专业学术机构和协会图书馆，是服务于某一特定行业或专业的会员和从业者，由行业协会、学术团体、工会和其他类似机构主办的图书馆。

⑤政府图书馆，是为政府机构、部门、办事处服务的图书馆。

⑥传媒图书馆，是为包括报社、出版社、电台、电视台等媒体、出版机构及组织提供服务的图书馆。

4. 流动图书馆

流动图书馆只是图书馆的一种服务形式，它不需要读者或用户走入固定场所，而是利用交通工具并配备相关设备直接提供文献和服务的图书馆。读者或用户只需在自身所在地就可以接受服务。任何一种类型的图书馆都可以将其作为自己的一部分进行发展。

5. 公共图书馆

公共图书馆是为某一地方或者地区内所有人提供服务的普通图书馆，常常由财政基金提供部分或者全部经费。公共图书馆的雏形起源于古罗马时期，兴起于19世纪下半叶的欧美国家。这种类型的图书馆根据法律建立，从地方行政机构的税收中取得经费，向所有居民开放。

新中国成立后，我国的公共图书馆得到了发展，现在多达几千所。我国的公共图书馆主要按行政区域划分，大多是综合性的，通常还有地方文献的专藏，服务对象包括各种职业、年龄和文化程度的读者和用户，主要承担本地区辅助科学研究和普及大众阅读的任务。

另外，图书馆还有保存图书馆、存储图书馆以及学校图书馆等类型。保存图书馆和存储图书馆主要存储其他管理部门的低利用率的资料。学校图书馆是指附属于高等教育水平以下的各类学校的内部图书馆。

第二节 文献及文献资源的定义

一、文献

（一）文献的概念

文献的概念是随着历史的发展而变化的。孔子《论语·八佾》最早提出"文献"一词："夏礼，吾能言之，杞不足征也；殷礼，吾能言之，宋不足征也。文献不足故也，足则吾能征之矣。"这段的意思是孔子说，"夏朝的礼，我能说得出来，但是夏朝后裔的封地杞那个地方所保留的文献不足以征信了。殷商的礼，我能说得出来，但是商朝后裔的封地宋国那个地方所保留的文献不足以征信了。之所以不足征信，是因为文献保存得不足，如果文献足够了，我就能证明我所说的两朝的礼是正确的，并使人们相信"。对于孔子所说的文献，宋代的朱熹在《四书章句集注》中注释为："文，典籍也，献，贤也。"典籍是指有关典章制度的文字资料，而献同贤，指见多识广、满腹经纶的贤人。这说明古人研究历史，不仅要依靠书本文字记载的资料，还要借助那些贤人口耳相传。所以那时的"文献"一词包含着"典籍"和"贤人"两方面的含义。

后来，"文献"一词的概念发生了较大的变化。元代马端临在《文献通考》总序中对"文献"做了比较具体的注释。他认为，凡经史、会要、百家传记藏书，信而有证者，谓之文；凡臣僚之奏疏、诸儒之评论、名流之燕谈、稗官之记录等，一话一言可以订典故之得失，证史传之是非者，则采而录之，为之献。可见，随着人类记录知识手段的发展进步，书籍文章的增多，"文献"一词偏向于"文"，逐渐演变为专指那些具有历史价值的文章和图书，而"贤"的含义逐渐消失。

随着科学技术的迅速发展，新的知识不断产生，各种各样记录知识信息的载体大量涌现，各种各样记录知识信息的方式不断被发明，文献概念的范围不断扩大。中华人民共和国国家标准化管理委员会1983年7月2日公布的国家标准《文献著录总则》给文献下的定义是："文献，记录有知识的一切载体。"1997年11月，国际标准化组织颁布的国际标准对文献概念重新予以界定，提出文献是"在文件处理过程中,不论其物理形式和特征,可作为一个单元处理的被记录的信息"。可见文献是用文字、图形、符号、音频、视频等技术手段记录人类知识的一种载体,或者是固化在一定物质载体上的知识。它不仅包括各种图书和期刊,还包括会议文献、科技报告、专利文献、学位论文、科技档案等各种类型的出版物,甚至包括用声音、图像以及其他手段记录知识的全部现代出版物。文献是记录、积累、传播和继承知识的最有效手段,是人类社会活动中获取情报的最基本、最主要的方式,也是交流传播情报的最基本手段。

(二)文献的类型

现代文献的出版早已突破传统纸张印刷品的范围。了解现代文献的类型,有助于我们有计划、有目的地建设高校图书馆文献资源,并进行科学的组织与管理。

依据载体形式、内容性质、加工程度、出版类型,文献大致可以划分为以下几种类型。

1. 按文献的载体形式划分

(1)原始文献

原始文献是通过手工刻录在龟板、钟鼎、布帛、竹简、泥板、蜡版、羊皮等载体上的文献。

(2)印刷型文献

印刷型文献是通过铅印、油印和胶印等手段,将知识固化在纸张上的文献。例如,图书、期刊以及各种印刷资料。这是一种有着悠久历史的传统文献形式,至今仍广为应用。它的主要优点是便于阅读和流传,缺点是体积大、信息密度低。

(3)缩微型文献

缩微型文献是以印刷型文献为母本,以缩微材料为载体,采用光学摄影技术将文献的影像固化在感光材料上的文献。常见的缩微型文献有缩微平片和缩微胶卷两种。这种文献的优点是体积小、信息密度高,缺点是阅读必须借助阅读机或缩微复印机。

(4)声像型文献

声像型文献是一种非文字形式的文献。常见的声像型文献有各种视听资料,如唱片、录音带、电影胶片、激光视盘、幻灯片等。声像型文献记录声音和图像,通过唱片机、录音机、录像机、放映机和投影仪等重现,可以使人闻其声、观其形。

（5）电子型文献

电子型文献是利用现代计算机技术将各种声音、图像、文字、数据录入光盘等磁性材料和光学材料，通过计算机实现重放或检索利用的文献。常见的是各种已录有内容的磁带、磁盘和光盘。这类文献的存储、阅读和查找利用都需通过计算机才能进行，所以既有信息量大、查找迅速的优点，又有设备昂贵、使用费高的缺点。

（6）网络型文献

网络型文献是以虚拟网络为载体，满足用户信息需求、改变用户知识结构的文献信息。例如，电子期刊、电子图书、电子报纸、各种类型的数据库、数字图书馆等。

2. 按文献的内容性质和加工程度划分

依据内容性质和加工程度的不同，文献有不同的级次，通常有以下四个级次。

（1）零次文献

零次文献指作者本人未经出版发行的原始文献，包括私人笔记、底稿、手稿、个人通信、新闻稿、工程图纸、考察记录、实验记录、调查记录、原始统计数据、技术档案等。此类文献与一次文献的主要区别在于其记录的方式、内容的价值以及加工深度有所不同。由于没有进入出版、发行和流通渠道，零次文献收集利用十分困难，一般不能成为我们利用的文献类型。

（2）一次文献

一次文献亦称原始文献，它是作者首次出版的原始创作作品，如图书专著、期刊论文、科技报告、会议论文、专利说明书等。一次文献是以生产活动、科学研究的第一手研究成果为依据而创作的文献，其内容先进，观点成熟，叙述具体，介绍详尽，参考价值大，是广大读者、用户学习参考的主要文献，是产生二次、三次文献的基础。

（3）二次文献

二次文献即在一次文献的基础上进行加工、提炼、压缩和整理之后形成的检索工具，如各种目录、索引、简介和文摘等，又称为"检索性文献"或"通报性文献"。二次文献是图书情报工作者为了便于读者、用户全面了解和准确查找所需的一次文献资料，在大量收集一次文献的基础上，经过分析、归纳、重组后出版的，用以检索、通报、控制一次文献，帮助广大读者、用户在较少时间内获得较多文献信息的工具。它具有较强的汇集性、工具性、综合性和系统性，是储藏、利用一次文献的主要的、科学的途径。

（4）三次文献

三次文献是利用二次文献提供的线索，选用大量一次文献的内容，经系统分析、综合和评述再度出版的文献，如综述研究类（包括专题述评、总结报告、动态综述、进展通信、信息预测、未来展望等），参考工具类（包括年鉴、手册、百科全书、词典、大全等），文献指南类（包括专科文献指南、工具书目录等），是高度浓缩加工的再生文献。三次文献源于二次文献又高于二次文献，具有内容集中、针对性强、参考性好、指导性优的特点，是人们掌握信息的主要资料。

3. 按文献的出版类型划分

依据出版类型，文献可分为以下 10 个类型。

（1）图书

图书是论述或介绍某一领域知识，具有独立的内容体系、相当篇幅和完整装帧形式的出版物。图书又可分为三类：一类是阅读性图书，如教科书、科普读物、一般生产技术图书、单卷书、多卷书和丛书；一类是检索性工具图书，如书目、索引和文摘；一类是参考性工具图书，如指南、手册、年鉴、百科全书、辞典和字典等。图书往往是著者在经验积累的基础上或在长期科学研究的基础上，经分析归纳后编写而成的。

①教科书：供师生学习、分析、研究、探索用的基本资料。如《高等数学》《经济学》《生物学》《大学英语》《大学物理》等。

②科普读物：科普就是把人类研究开发的科学知识、科学方法以及融于其中的科学思想和科学精神，通过多种方法、多种途径传播到社会的方方面面，使之为大众所理解，达到开发人们智力，提高人们素质，培养人才，发展生产力的目的，并使人们有能力参与科技政策的决策活动，促进社会的物质文明和精神文明的发展。科普读物就是与科学技术普及有关的书籍，如《量子物理史话》《十万个为什么》《游戏中的科学》《改变世界的方程：牛顿、爱因斯坦和相对论》《时间简史》《爱因斯坦：相对论一百年》《索拉里斯星》《天使与魔鬼》《夏娃的七个女儿》《走近爱因斯坦》等。

③一般生产技术图书：指将工业生产过程中的技术用文字的形式记录并公开的资料。如《曲轴模锻生产技术》《传输局通信生产维护新技术与故障应急抢修及质量检查测试新规范实务全书》《烟花爆竹安全管理与安全生产技术》等。

④单卷书：以单行本形式出版的著作，每本书的内容都是完整的。如《坝基红层软岩工程地质研究与应用》《英美文学名著赏析》《行政处罚释义与案例评析》等。

⑤多卷书：分成两卷或两卷以上出版的一个完整的著作，各卷在一个总书名下，一般不再命名各卷的书名。如撰修于元朝末年的多卷本史书《宋史》、由人民军医出版社策划出版的我国大型多卷本高级参考书《神经病学》、由中国社会科学院近代史研究所文化室策划出版的社会史和文化史相结合的多卷本套书《近代中国社会文化变迁录》等。

⑥丛书：又称丛刊、丛刻、汇刻书、套书，是把各种单独的著作汇集起来，冠以总名的一套书。其形式分为综合性的和专门性的两种。中国的丛书，一般认为始于南宋，俞鼎孙、俞经的《儒学警语》可算为丛书的鼻祖，它刻于1201年，以后各代多有编纂，比较有名的丛书如《四库全书》《四部丛刊》《四部备要》等。其中《四库全书》的部头之大，堪称中国古代丛书之最，共收书3462种，79338卷，约八亿字。古代丛书多为综合性的丛书。目前，专门性丛书出版较多，如"园林绿化草坪建植与养护——当代草坪建植技术丛书""中小学教师教学艺术丛书""生活小顾问咨询丛书""生态旅游与法律丛书"等。

⑦书目：是著录一批相关文献，并按照一定的次序编排而成的一种报道文献的工具书。如《全国新书目》《比利时书目》《中学生必读书目》等。

⑧索引：将文献中某些重要的、具有检索意义的事项，如书名（篇名）、著者（出版者）、出版地、引用文献、关键词（主题词）、人名、地名、词语、概念等，根据一定的需要摘录出来，按照一定的方式有序编排起来，以供检索的工具书。如《全国报刊索引》《中文社会科学引文索引》《工程索引》《中华人民共和国行政区划索引》等。

⑨文摘：通过搜集首次出版的文献，对某一特定知识领域的文献进行报道、摘录和标引，并按照一定的著录规则与排列方式系统地编排起来，使相关文献尽可能迅速、广泛和方便地被人们获得。文摘不仅记录文献的基本书目信息，还提供文献的内容梗概，是系统报道和检索文献的重要工具书。如《报刊文献》《计算机应用文摘》《读者文摘》《化学文摘》《医学文摘》等。

⑩指南：介绍有关文献、科学研究进展、人物、组织机构、旅游景点、贸易等情况，并经过系统的编排，使读者了解有关情况的重要工具书。如《商务指南》《电视指南》《创业指南》《手足口病预防控制指南》等。

⑪手册、年鉴：手册是由某一方面经常需要查考的资料，如某方面的基础知识、一些基本数据、公式、条例等汇集而成的工具书，一般分为综合性和专

业性两类。如《高考专业选择与志愿填报完全指导手册》《员工手册》《汽车维修手册》《机械设计手册》《深圳手册》《旅游手册》等。年鉴是以全面、系统、准确地记述上年度事物运动、发展状况为主要内容的资料性工具书。它汇编一年内的重要时事、文献和统计资料，如当年的政府公报、国家重要报刊的报道和统计部门的数据等，按年度连续出版。它博采众长，集手册、年表、图录、书目、索引、文摘、表谱、统计资料、指南于一身，具有资料权威、反应及时、连续出版、功能齐全的特点。它的主要作用是向人们提供一年内全面、真实、系统的事实资料，便于人们了解事物现状和研究事物发展趋势。年鉴分综合性年鉴和专业性年鉴两种，综合性年鉴如《中国年鉴》《世界年鉴》《百科年鉴》《申报年鉴》《上海市年鉴》《湖北年鉴》等，专业性年鉴如《中国经济年鉴》《中国电影年鉴》《中国信息年鉴》《中国统计年鉴》《长江年鉴》等，比较著名的年鉴有《世界年鉴》《咨询年鉴》《惠特克年鉴》《政治家年鉴》等。

⑫百科全书：概要记述人类一切知识门类或某一知识门类，内容非常完备的工具书。它是一个国家或一个时代科学文化发展的标志。百科全书的主要作用是供人们查检必要的知识和事实资料，扩大人们的视野，帮助人们求知，其完备性在于包含了各种工具书的成分，囊括了各方面的知识。它常被誉为"没有围墙的大学"，如《不列颠百科全书》《美国百科全书》《世界大百科事典》《中国大百科全书》《中国军事百科全书》《中国食品百科全书》《中国古代百科全书》《中国儿童百科全书》等。

⑬词典（辞典）：主要用来解释词语的意义、概念、用法的工具书。广义的词典包括语文词典及各种以词语为收录单位的工具书；狭义的词典仅指语文词典。其整体结构一般由前言、凡例、正文、附录、索引等部分组成。正文以词条的形式解释词目，词条有序化编排。从不同的标准或特征出发，词典可分多种类型。词典从内容上可分为语文词典、学科（百科）词典、专名词典三类。如《柯林斯英语词典》《汉语大词典》《牛津英语词典》《辞海》《牛津高阶英语词典》《佛学大词典》《英汉电子工程辞典》《科学技术社会辞典》等。随着科学技术的发展，词典逐步电子化，通过在线网络就可以轻松方便地查找自己所需要的资料。

⑭字典：是为字词提供音韵、意思解释、例句、用法等的工具书。字典可分为详解字典和特种字典两种：详解字典是就字的形、音、义进行全面解释，如《新华字典》《汉语大字典》等；特种字典亦称专门字典，它仅就字的某一方面进行解释，如正字字典、正音字典、虚字字典、难字字典等。现代字典提供了很多功能，其中最主要的两大功能是以沟通为主，帮助人们对文字进行理

解及翻译；以知识为主，帮助人们从某事物中获取知识。

（2）期刊

它又名杂志，是从英文"Magazine""Periodical""Journal"三个词翻译过来的，一般是指出版周期相对固定，有固定的名称，有卷、期或年、月标志，围绕某一主题、某一学科或某研究对象，汇集多位作者的多篇文章、资料或线索，由专门的编辑机构编辑出版的一种连续出版物。按照反映的内容，期刊可以分为学术性期刊、政论性期刊、行业性期刊、资料性期刊、检索性期刊、报道性期刊、评述性期刊、通俗性期刊和文学艺术性期刊等种类。如《科学决策》《南风窗》《岩土工程学报》《党建研究》《全国报刊索引》《畅销书摘》《党政论坛》《读者》《小说月报》等。

（3）专利文献

专利文献通常指各国专利局的正式出版物，包括专利说明书、专利公报、专利文摘、专利索引和专利分类表等。专利文献的主体是专利说明书，还包括专利公报、专利检索工具及有关的法律文件等。专利说明书是指专利申请人向专利局递交的有关发明目的、构成和效果的技术文件。它经专利局审核后，向全世界出版发行。专利说明书的内容比较具体，有的还有附图，我们通过它可以了解该项专利的主要技术内容。专利文献包括：一次专利文献，如专利说明书；二次专利文献，如专利公报、专利题录、专利文摘；专利分类资料，如专利分类、分类表索引、关键词索引等。

（4）标准文献

标准文献是指经权威机构（主管机关）批准的在特定范围（领域）内必须执行的规格、规则、技术要求等规范性文献。标准文献主要是工业产品和工程建设的质量、规格和检验方法等的技术规定文件。标准按性质可划分为技术标准和管理标准。技术标准按内容又可分为基础标准、产品标准、方法标准、安全标准和环境保护标准等。管理标准按内容分为技术管理标准、生产组织标准、经济管理标准、行政管理标准、管理业务标准、工作标准等。标准按适用范围可划分为国际标准、区域标准、国家标准、专业（部）标准和企业标准。标准按成熟程度可划分为法定标准、推荐标准、试行标准和标准草案等。一个国家的标准文献反映该国的生产工艺水平和技术经济政策，而国际现行标准则代表了当前世界的生产技术水平。国际标准和工业先进国家的标准是科研生产活动的重要依据和情报来源。国际上最重要的两个标准化组织是国际标准化组织（ISO）和国际电工委员会（IEC）。

（5）会议文献

会议文献是产生于国际或国内重要的学术或专业性会议的论文、报告及有关文件的总称。会议文献多数以会议录的形式出现。会议文献可分为会前、会间和会后三种形式。会前文献包括征文启事、会议通知书、会议日程表、预印本和会前论文摘要等。其中，预印本是在会前几个月内发给与会者或公开出售的会议资料，比会后正式出版的会议录要早一两年，但内容完备性和准确性不及会议录。有些会议因不再出版会议录，故预印本就显得更加重要。会议期间的会议文献有开幕词、讲话、报告、讨论记录、会议决议和闭幕词等。会后文献有会议录、汇编、论文集、报告、学术讨论会报告、会议专刊等。其中，会议录是会后将论文、报告及讨论记录整理汇编后公开出版或发表的文献。会后文献是主要的会议文献。由于没有固定的出版形式，会议文献一般刊载在学会、协会的期刊上，作为专号、特辑或增刊，或者发表在专门刊载会议录或会议论文摘要的期刊上。

（6）科技报告

科技报告是20世纪40年代以后出现的一种文献形式，又称研究报告、技术报告或报告文献，是记录国家、政府部门或科研生产单位关于某项科学研究的阶段进展报告或研究成果的总结报告。科技报告按形成渠道分为工作报告、会议报告、实验报告、调查报告、科技报告；按内容可分为专题报告和综合报告；按时间可分为年度报告、季度报告和月份报告；按活动进度可分为初步报告、进展报告、总结报告。有些报告因涉及尖端技术或国防问题等方面，又分为绝密、秘密、内部限制发行和公开发行几个等级。目前，国际上较著名的科技报告是美国政府的四大报告，即PB报告、AD报告、NASA报告和DOE报告。

PB是美国商务部出版局的缩写。PB报告内容已逐步从军事科学转向民用，现主要侧重于民用工程技术、城市规划、环境保护和生物医学方面。

AD报告是美国陆海空三军科研机构的报告，也包括公司、企业、外国的科研机构和国际组织的研究成果及一些译自外国的文献。其内容不仅包括军事方面，同时也广泛涉及民用技术，包括航空、军事、电子、通信、农业等22个领域。

NASA是美国国家航空和宇航局的缩写，NASA报告的内容以航空和空间技术领域为重点，同时广泛涉及基础学科和技术学科。

DOE 是美国能源部的缩写，DOE 报告是原子能和能源管理系统的报告。

（7）学位论文

学位论文是高等学校或研究机构的学生为取得学位，在导师指导下完成的科学研究、科学试验的成果的书面报告，它是学位制度的产物。各国教育制度规定授予学位的级别不同，学位论文也有学士学位论文、硕士学位论文、博士学位论文之分。学位论文探讨的问题一般较专深，但质量参差不齐，多数有一定的独创性，其中博士学位论文具有较高的学术价值。学位论文除少数在答辩通过后以科技报告、期刊论文的形式发表出版外，多数不公开发行，属于非卖品。

（8）产品技术资料

产品技术资料指向社会宣传和推销产品而印发的介绍产品情况的产品目录、产品样本、产品说明书、厂商介绍、产品一览、产品数据手册、厂刊、外贸刊物等。产品样本通常对定型产品的性能、构造、用途和操作程序等做具体说明，大多数有外观照片和结构图，内容成熟，数据可靠。产品技术资料一般由用户向厂商直接索取，在情报所可以查到一部分，有些以汇编形式正式出版的产品技术资料可以在图书馆查到。

（9）科技档案

科技档案指科学研究和生产建设活动中形成的具有利用价值，并归档保存的关于具体事物的技术文件、图纸、图表、照片和原始记录等。其按科技活动内容分为科研档案、工程建设档案、生产技术档案、设备管理维修档案等；按专业领域分为工业技术档案、农业技术档案、交通运输档案、城市建设档案等。科技档案的详细内容包括任务书、协议书、技术指标、审批文件、研究计划、方案大纲、技术措施、调查材料、设计资料、试验和工艺记录等。这些材料是科研工作中用以积累经验、吸取教训的重要文献。技术档案一般为内部使用，不公开出版发行，有些有密级限制，因此在参考文献和检索工具中极少引用。

（10）政府出版物

政府出版物是指由各国政府部门及其设立的专门机构负责编辑印制并通过各种渠道发行或出售的文字、图片、磁带、软件等文献的总称。它是政府用以发布政令和体现其思想、意志、行为的物质载体，同时也是政府的思想、意志、行为产生的社会效应的主要传播媒介。政府出版物的内容广泛，涉及社会科学、自然科学等领域。就文献的性质而言，政府出版物可分为行政性文件（如国会记录、政府法令、方针政策、规章制度以及调查统计资料等）和科学技术文献（如研究报告、技术政策、科教文化统计资料、会议记录）两部分。我国政府发表的"科学技术白皮书"就是一种科技类政府出版物。

因为内容和性质的不同，上述 10 种文献类型在出版时间上是有先后顺序的。期刊因为品种多、容量大、速度快，是许多论文的首发渠道；学位论文、会议文献、标准文献、科技报告和专利文献需要满足一定的特殊要求，尽管报道速度也较快，但发表的数量非常有限；图书、科技档案、产品技术资料、政府出版物，需要在大量一次文献的基础上汇编成册，所需出版周期最长。

（三）文献的特点

随着科学技术的迅猛发展和社会的进步，文献作为人类精神与物质相结合的产物，内容越来越丰富，形式越来越复杂，文种越来越多样，数量越来越多，规模增长率越来越高，内容具有较强的时效性。具体特点如下：

图书：主题突出、系统完整、成熟可靠，但出版周期较长，内容比较滞后。图书一般作为系统学习的工具。

期刊：内容新颖，报道速度快，信息含量大，具有多样性、兼容性和群集性，是传递科技信息、交流学术思想最基本的文献形式。据统计，期刊情报占整个情报源的 60%～70%，因此，期刊是科技工作者参考的主要文献。许多检索工具也把期刊论文作为报道的主要对象。查阅期刊论文已成为教学、科研人员对某一问题深入了解的主要渠道。

专利文献：具有法律性、实用性、可靠性、新颖性、重复性、系统性和难读性，是教学、科研人员，特别是工程技术人员结合实际、启迪思维的重要情报源。

标准文献：作为一种规章性文献，标准文献具有一定的法律约束力，适用范围和用途明确，可靠性高，系统性和完整配套性强，修订更新频繁。一般的标准平均使用寿命为 10 年，新技术领域标准的有效时间只有 3～5 年。

会议文献：具有传递情报比较及时、内容新颖、专业性和针对性强、种类繁多、出版形式多样等特点。因为能及时反映科学技术中的新发现、新成果、新成就以及学科发展新趋向，代表某一领域内的最新成就，所以会议文献对教学、科研人员有很大的启发性，具有较高的参考价值，是科技文献的重要组成部分，也是教学、科研人员获得最新情报的重要来源。

科技报告：在内容方面较期刊专深、详尽、可靠，是一种难得的情报源，具有真实性、新颖性、动态性、传播途径独特、不公开发表的特点，通常由主管机构连续出版。

学位论文：具有相当的学术性和独创性。学位论文对科研工作与教学工作有较高的参考价值。

产品技术资料：通常对定型产品的性能、构造、用途、操作规程等进行具体说明，其内容成熟，数据可靠，图文并茂，形象直观，出版发行迅速，多为免费赠送。

科技档案：保密性强，主要供内部参考使用，在参考文献和检索工具中极少被引用。

政府出版物：具有官方性质。

二、文献资源

（一）文献资源的含义

资源，一般指天然资源。文献资源是区别于天然资源的一种社会智力资源，是物化了的知识财富，是人们迄今为止收集、积累、贮存的文献资料的总和。文献资源作为一种宝贵的智力资源和信息资源，同水资源、矿产资源等自然资源一样，是人类文明发展必不可少的条件。一个国家文献资源的贫富及其存取水平的高低，是衡量该国文明水准和综合国力的重要标准。文献资源的开发、利用程度直接影响社会的发展与进步。由于历史、经济、文化等方面的影响，不同国家的文献资源贫富不均，同一个国家不同地区的文献资源亦不均衡。一般情况下，发达国家和地区的文献资源比较丰富，经济、文化、科学技术比较落后的国家和地区，其文献资源也相对贫乏。

文献资源是人类社会发展的产物。人类在改造自然界和社会的实践活动中，获得来自客观世界的各种信息，这些信息经过人脑的提炼和加工，逐渐转化为知识。知识对人类社会的发展有着不可估量的作用。这是因为知识一旦形成，并与劳动者结合起来，就可从潜在的生产力转化为现实的生产力，创造日益丰富的社会物质财富，从而推动人类社会的进步和发展。因此，知识是人类社会发展的驱动力。资源，主要指生产资料和生活资料的自然来源，人类通过发现、开发和利用自然资源，不断创造物质财富，获得衣、食、住、行等方面的物质材料，使人类族群得以繁衍生息，使社会不断发展。知识也能为人类创造物质财富，并成为人类社会发展的驱动力，所以知识也是一种资源，是一种智力资源，但知识必须依赖一定的物质载体才能存在。

在人类社会早期，人类是通过大脑来存贮和传播知识的，由于各种生理因素的制约，知识难以在广阔的空间和持续的时间内积累和传播。随着社会生产力的发展，人类打破了自身的束缚，将知识转化为一些有规律的信息符号并在人体以外找到了新的物质载体，这种新的物质载体就是文献。显然，文献当中就蕴藏着人类创造的智力资源。在人类社会的历史长河中，随着数量的不断增加和负载知识功能的不断加强，文献积累、存贮了人类的所有知识，成为人类知识的"宝藏"。同时，人类在改造自然界和社会的过程中，不断开发和利用知识"宝藏"，借鉴前人的经验和同代人的成果，不断创造物质财富，促进了社会的进步发展。由此可见，文献已经成为人类社会发展不可缺少的资源。文献积累、存贮的过程，也就是文献资源积累、存贮知识的过程。文献积累的知识越多，延续的时间越长，文献资源也就越丰富。从这个意义上说，文献资源是迄今为止积累、存贮的知识的集合。

（二）文献资源的作用

人类对文献资源重要作用的认识是随着社会的发展而不断深化的。在生产力低下、科学技术落后的古代社会，人类不可能从"资源"的角度认识文献。因此，人类对文献资源的作用也就无从认识。即使到了现代，人类也更多地将文献划归为意识形态的范畴，对文献资源作用的认识处于朦胧阶段。在科学技术成为第一生产力和信息时代到来的今天，人们才深刻认识到文献资源的重要作用。

1. 在社会进步中的继承、发展与创新作用

文献资源是人类认识自然、改造自然的智慧结晶。在社会发展中，文献资源具有继承、发展、创新的作用，为后人所借鉴和采用。文献资源最突出的特性体现在两方面，即继承性和利用性。人们通过借鉴、利用和实践，再生出新的知识和成果，为文献资源增加新的内容。人类认识的发展是无限的，理论的真理性只是相对的。理论与事实之间的矛盾总是存在的，后人借助前人留下的文献资源，承前启后，继往开来，使人类社会不断进步与发展。

2. 在科学研究中的借鉴与促进作用

文献资源是科学研究的基础、向导和前提。科技人员要进行有价值的科学研究，必须全面获取相关文献信息，及时了解各学科发展的现状、存在的问题，从中确定自己的研究起点和创新目标。实践证明，科技人员拥有大量的科技文献信息作支撑，可以大大降低创新风险，防止低水平重复，选择正确的主攻方向，取得原创性成果。

3. 在学科之间的交叉与渗透作用

文献资源来自各个方面，覆盖各个学科。同时，文献资源的交流打破了时空、区域、学科的界限。特别是自动化、数字化、网络化等现代技术的发展，使文献资源的传播更及时、更广泛，使文献信息的交流在纵向上延续，在横向上扩散，从而达到社会共享的目的。这种文献信息的共享，使人们对各学科的文献资源

了解得更广泛,从中相互借鉴,促进了各学科之间的交叉与渗透。

4. 在知识更新与终身教育中的长效作用

文献资源在社会教育职能方面表现尤为突出,成为公民终身学习的重要资源。尤其在当今瞬息万变的时代,知识更新的周期在缩短,"一次性学习"时代已告终结,学历教育已被终身教育所取代。文献资源已成为人类科学知识普及、宣传、利用的载体,是知识更新、终身教育的重要资源。

5. 在科学决策中的参考作用

文献资源是科学决策的重要依据。我们要想在决策中获得真实、详尽的资料,就必须掌握大量的国内外文献资源,运用正确的方法进行分析和筛选,从中发现对决策有参考价值的信息资源。文献资源的获取、分析有助于人们对决策形成统一认识,有助于避免重复劳动,有助于启发思维,有助于减少决策中的失误。

6. 在市场竞争中的"耳目、参谋"作用

网络信息时代,国际市场竞争激烈,文献信息对各行各业的竞争、生存与发展起到了重要作用。"竞争情报"的产生是市场经济发展的必然结果,同时也是文献信息研究与利用的延伸、拓展。世界各国对竞争情报的搜集和利用尤为重视,成立了相应的机构,通过合法的手段帮助企业更好地掌握竞争对手的信息,从而达到"知己知彼"的目的。

7. 在建设创新型国家中的提升作用

中央提出了"建设创新型国家"的战略发展目标,意义重大。自主创新能力是国家竞争力的核心,是我国应对未来挑战的重大选择,是建设创新型国家的根本途径。文献资源是我们把握创新先机的重要依据。只有及时掌握文献信息,才能了解创新领域的前沿发展,发现技术空白,产生自己的创新思想,才能在技术与知识的获取、融合和利用方面有的放矢,提高创新能力的综合化水平,赶超世界先进水平。

8. 在知识产权中的保护作用

我国已经加入了WTO,人们对知识产权的保护意识有了较大提高。国家知识产权局已建立的专利文献馆拥有中、美、日、德、英、法等21个国家和两个国际组织的全文专利说明书,拥有各种涉及专利、商标、著作、版权等多个领域的权利保护专利文献。专利文献具有法律性、地域性和时效性。一旦发生专利侵权,受害者可以依据专利文献进行维权保护。

9. 在科研成果转化中的桥梁作用

科学研究的目的是应用。科研成果与产业化存在相互脱节的现象。科研成果

得不到有效应用，而企业又急需实用新技术。我们要改变这种局面，就必须使文献资源的交流发挥更大作用。用户通过网络可以了解到大量的新技术、新工艺、新产品等信息，使文献资源在科研成果转化中发挥桥梁作用。

10. 在精神文明建设中的指导引领作用

丰富的文献资源中蕴藏着充足的精神食粮，人们可以通过文献资源中的知识和文化精华陶冶情操，提高文化素质和道德水平，促进社会的精神文明建设。一个国家精神文明建设的程度，直接反映着一个国家的社会发展水平。同时，精神文明建设搞好了，能直接促进社会的物质文明建设。由此可见，在现代社会中，文献资源对社会的发展起着不可估量的作用。

（三）文献资源的特点

1. 再生性

文献资源不像自然资源（如煤、石油等）那样随着开发和利用而逐渐枯竭，它具有再生性，可以反复地使用。这是因为人类对文献资源开发利用程度的提高，会促进知识的增殖，增加文献数量，提高文献质量，从而进一步丰富文献资源。人类社会越向前发展，文献资源便会越丰富。可以说文献资源是取之不尽、用之不竭的再生性宝贵资源。将来人们关心的不是文献资源枯竭的问题，而是要解决因文献数量剧增而带来的文献资源冗杂等系列问题。

2. 积累性

文献资源的贫富不是先天固有的，而是后天不断积累的结果。丰富的文献资源离不开历史上各个时期保存下来的各类文献的积累，它是古代私人藏书家、官方藏书楼、近现代图书馆、各类文献收藏机构保存下来的人类文明的集合。

3. 可建性

自然资源是天然的、先于人类的客观存在，而文献资源是人类创造的一种知识智力资源。它的生产和分布是一种客观现象，但也受制于人类的主观能动性，受到社会政治、经济、文化因素的制约。因此，人们可以通过文献资源建设，采取选择、组织、布局等手段，改造和优化冗杂的文献资源，使文献资源处于有序分布的状态，帮助人们有目的地开发利用文献资源。

4. 冗余性

文献资源并非各种文献简单地相加，相反，庞杂、雷同的文献堆积不仅不会增加文献信息内容的含量，还难以形成体系完备、功能良好的文献资源系统。文献资源建设的具体任务之一就是要把那些重复、交叉，甚至过时无用的文献剔除，否则就有可能造成文献信息通道的阻塞，给用户使用文献资源带来困难。

5. 共享性

自然资源多是一次使用、不再复用的资源，而文献资源则是可以同时使用、反复使用的资源，还可以根据需要，在条件允许的情况下，对它进行复制、转录、缩微。文献资源的共享性是由文献的社会占有性决定的，文献一旦产生并公布于世，社会公众就有了平等利用它的机会。文献以各种方式出版发行的目的，从根本上说，是为了让更多的人利用它。文献资源的共享性不但为人类在更大范围内进行信息交流创造了条件，而且向人们表明文献资源属于全人类，人人有权共享全世界的文献资源。随着人们观念的转变和其他条件的成熟，这种美好愿望将会逐步变为现实。文献资源的共享性给我们开展文献资源的共建、共享工作提供了理论依据。

6. 效益性

文献资源的效益性特点表现在时间性和潜在性两个方面。

（1）时间性

自然资源只有被开发，才能产生效益，但对它的开发一般不受时间的限制。如对地下矿藏的开发，早开发或晚开发都不会影响本身效益的发挥。但文献资源则不同，其所含信息和知识有的具有较强的时间性，若不及时开发利用，就会降低或丧失开发效益。与此相反，有些文献资源的开发效益具有潜在性，其开发效益未必马上就能显示出来，但若干年后可能有很高的使用价值，那时将它开发利用就会产生很大的效益。文献资源具有的时间性，给图书情报机构的馆藏文献资源剔除工作增加了难度。同时，这也要求文献采选人员在采选文献时，既要收集时效性强的文献，又要收集具有潜在效益的文献。

（2）价值性

文献资源的价值实质是文献载体所含知识内容的价值。在被开发利用之前，这种价值潜藏于载体之中，不为人们所见；开发利用之后，这种价值间接体现在某种产品、成果、思想、观念或行为之中，具有隐现性。知识含量越多，产品价值越高，文献资源被开发利用得越好，物质成果和精神成果就越丰富。随着知识经济时代的到来，文献资源的价值是随着文献资源的开发程度而发生变化的，文献资源的价值必将被越来越多的人所认识。随着以知识为依托的知识经济时代的到来，文献资源的作用将更为突出。

第三节 图书馆文献资源建设的重要性

图书馆可以保存文化精粹，传承历史文化。图书馆不仅保存普通的图书、期刊等文献资料，还保存名家真迹和文献孤本。如上海图书馆，在过去的十几年里，每年都要花费巨资对破旧文献进行修复、整理和编目，如今，上海图书馆不仅将盛宣怀档案、家谱、碑帖、尺牍等编目整理了出来，还将其做成数字版供读者使用。他们还将工作重心放在内容建设上，发展衍生性服务，比如，将这些专藏做成一个个知识库，将原件资源与研究资源、印刷型资源与数字化资源整合在一起。

每个地方都有其独特的文化历史底蕴，所表现出来的人文精神也不尽相同。图书馆，特别是公共图书馆，作为一个地区的文化场所，不论是其外部建筑和内部设施，还是收集、整理、保存的各类书刊资料、特色文献，都体现出地域特色，是一个地区文化的聚集场，突出了地区文化的特色。比如，该地域著名作者的著作，有关该地域文化、经济、教育、历史、物产、风俗等方面的著作。图书馆负有弘扬地域文化的使命。此外，图书馆是区域文化重要的学习与研究基地，它为公众提供不同载体形式的地方特色文献、文化服务活动与学习研究空间，使公众在继承前人优秀文化传统的基础上，与时代相结合，继续繁荣当地文化。图书馆的这种职能使其在传承与弘扬地区文化、提升地区的文化竞争力方面具有不可替代的作用。

文献资源建设是图书馆事业的基础，是图书馆存在的重要保障，只有完善文献资源管理制度，加强文献资源建设，才能真正发挥图书馆的作用。文献资源建设是文献情报事业的重要组成部分，也是现代图书馆学、情报学、文献学共同研究的课题。文献资源建设一般包括两方面内容：一是各个文献情报机构对文献的收集、组织、管理、贮存等工作；二是一个地区、一个国家乃至国际间众多文献情报机构对现有文献资源的规划和收集，形成整体资源，即从宏观上制定目标和规划，进行协调和分工，以指导文献情报机构的文献收集工作，突出各自优势，形成比较完善的收藏体系，并将其作为集体的资源，共同享用，从而建立一定范围内的文献资源保障体制。

图书馆的核心人物是馆员，图书馆既是公益性的服务单位，又是由不同兴趣、不同需要、不同能力、不同角色构成的复杂利益群体。只有当大多数人或所有人的意志统一于某个共同目标之下，图书馆才能实现自身的价值。这个共同目标的形成，是在图书馆内部大多数或全体员工对客观事物意义的共同认识基础上形成的图书馆意志、行为规范，是以图书馆为主题的价值观。

图书馆文献资源建设与利用研究

在网络环境条件下，读者、用户需求的不断变化促使图书馆在信息服务方式、服务途径、服务内容等方面进行变革。信息服务和以前相比呈现出服务对象和服务内容精细化、服务方式和服务途径灵便化、服务手段和服务过程无形化等特点。信息技术给图书馆信息服务带来了技术支持。现今，网络信息技术在图书馆信息服务领域的应用已处在蓬勃发展阶段。网络2.0时代丰富了信息共享空间的资源内容，实现了新技术和信息共享空间的完美结合，同时强化了信息共享空间"以用户为中心"的服务理念。个性化服务是图书馆信息服务领域的核心研究内容，是图书馆信息服务的研究热点，也是图书馆未来的发展趋势。

图书馆的基本功能是传递信息、传播知识、传承文明，根本目的是为读者服务。我们在做好文化传播建设的同时，还要注意降低图书馆的运营成本，提高图书馆的工作效率，增强图书馆的竞争能力，提升图书馆的整体服务品质。如何加工网络信息资源，如何存储信息、编目索引等，都需要图书馆人员进一步研究与探讨。我们唯有从文献资源采购以及图书馆服务等方面入手，方可构建特色鲜明的图书馆文献资源体系，满足公众多样化的文献资源需求，提升数字文献资源利用率，拓展数字图书馆服务范围，推动数字文献资源更好地为读者服务，进而最大限度地发挥图书馆的文化功能。随着大数据、云计算、5G等信息技术的产生与发展，互联网已成为人们日常生活中不可或缺的部分。现今，经济、科技、教育等领域都在积极寻求发展，图书馆也展现出了转型发展的趋势。自古以来，文化领域的权威意识在整个中华民族的思想意识中都是根深蒂固的，教师和学生都处在社会现实中，所以提高教师和学生的认知水平、培养他们独立思考的水平是图书馆工作的重中之重。读者的阅读方式发生了深刻变革，推动了图书馆读者服务的创新与转型。大数据等新概念与新模式促使信息资源建设内容与形式快速变化，图书馆文献资源呈现出新的特性。与此同时，我国政府对公共文化事业的重视程度日渐提高，公共图书馆建设发展迎来前所未有的机遇。图书馆如何有效发挥自身文献资源优势、适应读者需求、加强文献资源建设、构建文献资源建设新模式，是值得我们认真探究的问题。

第二章　图书馆文献资源建设和信息应用的现状

社会在不断地进步与发展，信息化时代的发展为图书馆文献资源建设带来重大的机遇和挑战。在数字化时代的转变进程中，如何对当下的图书馆文献资源进行创新建设，实现其知识价值，成为我们重要的研究课题。本章分为图书馆文献资源建设的现状分析、图书馆信息应用的现状两部分，主要内容包括图书馆文献资源采访的现状、图书馆馆藏文献资源的现状、图书馆文献资源共享的现状、数字化文献资源建设的现状、图书馆信息利用的现状、图书馆信息服务的现状等。

第一节　图书馆文献资源建设的现状

一、图书馆文献资源采访的现状

文献资源是图书馆体现价值、实现服务、健康发展的基础和保障，随着大数据时代的来临和数据密集型科研环境的形成，图书馆读者的文献资源利用行为和其对图书馆文献资源的需求都发生了巨大变化。一方面，纸质资源、数字资源和网络资源等传统资源并不能满足读者在数据分析、趋势预测等方面的需求，科学数据、开放数据、政府数据等数据型资源成为满足图书馆读者所需的新型资源，这对图书馆资源的采购数量、类型都提出了新的要求；另一方面，图书馆传统资源特别是数字资源的提供商没有节制的涨价行为以及对新型数据资源的高定价，都对图书馆造成了压力，使图书馆资源购置经费的增长速度跟不上数字资源提供商的涨价速度。为了将有限的经费进行科学、合理的优化配置，图书馆采用了如图书馆联盟采购、读者决策采购等方法和策略，取得了一

（一）文献资源采访的策略

采访工作是图书馆文献资源建设的基础，采访质量的高低直接影响着文献资源利用率的高低。目前，全国各大图书馆根据本馆的实际情况，从自身工作实践出发，分别采取了不同的采访工作策略。文献资源采访的策略主要有以下三种模式。

1. 基于读者荐购的采访模式

基于读者荐购的采访模式是指通过读者推荐书目的方式购买图书，这种方式能直接获取读者的阅读需求。读者荐购为读者与图书馆采访人员提供了一个交流沟通的方式或平台。图书馆一般都开设了在线的读者荐购平台，如湖北三新文化传媒有限公司开发的云田智慧图书馆云平台，还有江苏汇文软件公司开发的汇文文献信息管理系统，有读者荐购功能，读者只需输入书名与作者即可进行荐购。南京大学图书馆的布克家平台还提供豆瓣热评书目供读者参考，并可直接进行荐购。武汉大学图书馆提供中文图书荐购系统和海外图书采选系统，中文图书荐购系统每月更新全国数百家出版社的数千种图书信息，海外图书采选系统则采用中国图书进出口公司的采选平台进行外文原版图书的荐购。除了荐购平台外，读者还可以通过其他在线方式如 QQ、微博、微信、Email 等进行图书的荐购活动。不方便在线交流的读者，还可以通过面对面交流、打电话、开展"你读书我买单"活动等方式进行荐购。读者荐购是读者与图书馆采访人员的一种交流方式。近年来有研究者借鉴国外高校图书馆的做法，引进了读者决策采购（PDA）的概念，PDA 是书商提供书目信息，图书馆提供检索平台，读者通过平台检索到书目后点击阅读电子图书或要求购买纸质图书，图书馆根据读者阅读电子图书的时间长短、内容多少付费或者直接购买相应的纸质图书。

2. 基于学科服务的采访模式

基于学科服务的采访模式是指图书馆通过学科馆员深入调查了解学科服务对象所需文献资源并进行图书采购。因此有一些高校图书馆将学科馆员与采访馆员结合起来设置学科采访馆员。学科馆员对所服务学科专业知识有一定了解，与院系教师联系较多，所以学科采访馆员在文献资源的采购工作中具有很强的针对性和专业性，能有效提高文献资源采购的质量。

3. 基于信息平台的采访模式

上述两种采访模式是基于读者个人需要和采访馆员的服务形成的，主要依靠采访馆员的业务能力，包括与读者、图情教授之间的沟通能力、对学科建设的重点和发展方向的把握能力等。采访馆员要从书商提供的大量书目信息中发现本馆需要购买的图书，完成这项工作并不轻松，也很难保证采访工作的质量。2008年北京大学图书馆陈体仁等人提出了中文图书采访信息平台的设想，使文献资源的采访工作有了崭新的思路。中文图书采访信息平台是在图书出版相关信息数据库的基础上建立的，它能按照一定的采访策略筛选书目信息并购买图书。例如，根据"各学科重点出版社的图书的系统收藏""学术大师著译述的完整收藏""著名学者的著述的重点收藏"这样的策略筛选征订书目。中文图书采访信息平台设置的书目信息参数主要包括书名、内容提要、著者、出版社、学科分类、是否是经典作品等。采访信息平台使采访馆员能高质高效地筛选图书，文献资源建设更系统化、专业化。但是平台的建设需要较强的技术实力和大量的数据整理工作，因此只有综合实力雄厚的图书馆才能采用这种采访模式，如复旦大学图书馆的社科类中文图书采访平台。

采访策略体现了图书馆开展采访工作的不同思路，但是采访策略的根本目的都是满足读者阅读和教学科研需求。在工作实践中，各图书馆从本馆实际情况和服务理念出发，制定的采访策略通常是通过各种采访方式获取读者需求信息，紧跟学校学科建设的步伐做好文献资源建设。一些理念先进、综合实力较强的图书馆甚至根据学校发展预期，提前做好相关学科的文献资源储备。图书馆应制定适合本馆的采访策略，做好文献资源建设的第一步工作。

（二）文献资源采访的现状

1. 资源载体的多样化

载体形式的变化主要表现为：形成以纸质文献为主、纸质文献和电子文献并重、向电子文献倾斜三个发展阶段的格局，纸质图书所占比重有逐年下降趋势。馆藏文献载体形式的变化，直接影响了图书馆物理馆舍面积、服务器的存储量、有线网络环境、无线网络环境、电子资源阅读手段等方面。

2. 采访工作的复杂化

信息爆炸的年代，图书馆面临着海量信息资源的冲击。为了在海量信息中构建具有馆际特色的文献资源库，区别于其他地区图书馆，打造具有自身鲜明特色的文献资源库，提升图书馆核心竞争力，图书馆在文献资源采访的过程中应不断努力。

特色馆藏是指图书馆经过长期积累形成的具有一定规模的、系统化的文献资源，主要包括纸质和数字资源，也有微缩胶卷、实物等，是区别于其他图书馆的有本馆特色的馆藏。特色馆藏建设是图书馆文献资源建设的重要部分，有很多图书馆拥有特色馆藏。

图书馆采访工作在新时期也遇到了新难题。专业文献内容日渐丰富，数量不断增加，多学科交叉与融合给图书馆文献资源采访带来了新难题。专业文献采访也更趋复杂，既需要通过传统途径获取，也需通过互联网手段加强文献信息整理收集。近年来各类数字出版模式不断出现，例如，互联网众筹出版、自出版等，这也给图书馆文献资源采访带来了新难题。

3. 采访工作的科学性

随着互联网技术、信息技术的发展，图书馆纸本资源建设的比重逐渐缩小，纸本图书的采购经费越来越有限，有限的经费如何合理分配使用就显得尤为重要，既要最大限度地满足读者需要，提高读者满意度，又要使有限的经费价值最大化。图书馆对图书馆图书采购经费进行分配，首先要根据图书馆的性质、任务、读者需求、经费状况，以及藏书特点和藏书状况，制定科学的采访方针，合理安排经费，有效配置数字资源与纸质资源比例；其次要确定每种（类）图书（按照中国图书馆分类法将图书分为22大类）在图书馆的重要性并进行量化，得到每种（类）图书重要性的量化值，称之为图书的权重；最后将图书采购总经费依据权重按比例分配给每种（类）图书，得到图书采购经费的分配方案。对于每一种（类）图书而言，它的权重取决于很多因素，如图书的价值、图书的更新率、图书馆的发展方向、图书馆的特色分布、社会热点变化等。量化权重的方法也有很多，如专家评估法、加权统计法、模糊协调决策法等。

二、图书馆馆藏文献资源的现状

（一）纸电资源同步发展

原国家新闻出版署1996年颁发的《电子出版物管理暂行规定》对电子出版物所下的定义是："系指以数字代码方式将图文声像等信息存储在磁、光、电介质上，通过计算机或具有类似功能的设备阅读使用，用以表达思想、普及知识和积累文化，并可复制发行的大众传播媒体。"

随着科技水平的不断进步，数字及电子技术的不断成熟，在数字化、电子化发展的状态下，图书馆馆藏形式也已经由传统的纸质文献演变成纸质文献与电子文献并重的格局，图书馆吸纳大量电子文献作为纸质文献资源的补充。随着图书馆建设的发展，很多高校或者社会图书馆对于电子文献越来越重视，在采购量、采购经费上甚至超过了纸质材料的书籍，电子文献不再是纸质文献的简单补充。目前图书馆的馆藏形式大多是纸质文献资源与电子文献资源并重，并且将纸质文献和电子文献的保有量作为衡量图书馆规模的标准之一。图书馆学的专家、学者都在研究电子文献与纸质文献的关系，针对两者如何依存等问题发表了诸多学术论文。其中对于未来图书馆文献形式的问题，专家、学者的观点无外乎两种，一种是电子文献不可能取代纸质文献，两者相互依存，共同成为主体；另一种是纸质文献仍将是未来图书馆发展中的形式主体，地位难以撼动。根据读者阅读条件和阅读习惯的需要，纸质文献在一定时期内仍将是信息资源建设的重要组成部分。不管未来如何发展，我们已经看到了电子文献的重要性。

（二）电子阅读体验不佳

现阶段的电子阅读体验不佳，各种劣势的堆积造成用户使用感受不好，例如，电子屏幕存在一定的辐射，长时间的阅读可能会造成视力下降、皮肤黯淡无光和其他心理方面的问题等，这些是从读者的角度考虑的。对于从事研究工作的科研人员来说需要保证工作的严谨，电子资源在检索核心资料方面虽更加快捷，但纸质文献资源在出版的时候有专门的审稿、编辑人员进行把控，所提供的信息更准确。图书馆中各种纸质文献资源的汇总收集工作都是由专门的工作人员负责的，读者用户查到的资料在内容上是比较可靠的。翻看电子资源的过程中不能像看纸质书籍那样随心所欲；同时，电子文献对于各方面的条件要求高，对用户的计算机基础和操作有一定要求；电子文献容易受到外界因素影响，相对不稳定，例如，网络中断、设备故障、病毒干扰等，都是现今不够完善的地方。电子文献在承载方式上不完善，技术上存在屏障，都集中促成了这种现状。这就涉及如何应对读者和研究人员在使用数字资源过程中出现的问题。搜集到这些问题后，图书馆相关人员要有针对性地去寻求技术改进和突破。

（三）虚拟馆藏逐步发展

图书馆资源既包括实际拥有的现实馆藏，又包括只有使用权没有所有权的虚拟馆藏。现实馆藏是指图书馆本身直接"拥有"的文献信息资源，它是独立的、有明确界限的馆藏，是一个物理概念，既包括传统的纸质印刷型文献，也包括部分电子出版物，如纸质图书、期刊、报纸、音像资料和光盘型的电子出版物等。虚拟馆藏是指那些客观存在的，图书馆只有使用权而没有所有权的文献信息资源，主要包括网络信息资源和可通过馆际互借得到的其他图书馆的现实馆藏。

虚拟馆藏具有以下特征。

①虚拟性。虚拟性是相对于现实而言的，它并不是一个独立存在的信息系统，而是虚拟现实技术在图书馆的应用。复合图书馆的馆藏不再局限于馆内文献信息，而是延伸到整个社会，图书馆对各种文献信息资源有的拥有所有权，有的则拥有使用权而没有所有权。

②广泛性。海量是互联网信息最大的特点之一，因而以此为基础的虚拟馆藏也十分丰富，许多现实馆藏中没有的文献均可在互联网上找到。

③无产权性。相对于现实馆藏具有所有权而言，虚拟馆藏只有使用权而没有所有权。但对于知识来说，知识是有产权的。

④及时性。迅捷也是虚拟馆藏的一大特点，由于网络资源不像传统资源那样有严格的流程，故信息传递及时，内容更新快。

⑤共享性。由于覆盖面广，传播速度快，又不受时空条件的制约，加上网络本身的开放性等，虚拟馆藏容易实现网络信息资源的共享。

⑥分散性。虚拟馆藏不同于现实馆藏集中贮藏在图书馆的物理实体内，它广泛地分布在世界各地的图书馆、情报机构和网络服务器中。

图书馆的文献资源建设除了要进行传统的现实馆藏建设外，还增加了利用虚拟图书馆技术选择和组织网上信息资源，对网上所搜集的信息予以整合，建立虚拟馆藏的任务。如对网上可供免费阅读的期刊，搜集网址并加以分类、标引，统一于一定的界面，以导航形式为读者提供服务。

虚拟馆藏的组织不是简单地收集与分类，而是由专业馆员对网上信息资源反复鉴别、筛选，制定明确的选择标准，采访人员要熟练地应用各种搜索引擎，掌握网站和网页评估技术，长期跟踪，定期调查。虚拟馆藏在信息组织上采用元数据等信息标引技术和图书情报的分类、主题组织法，按照一定的索引语言抽取检索词，对每个专业站点和数据库进行归集，制作统一的检索界面，提供各种使用帮助和检索培训。图书馆组织网络信息资源时要优先考虑信息来源的可靠、稳定，优先选择学术参考价值高的网站或网页的信息，如研究机构网站、教育网站、政府网站等，而对于企业网站、社会团体网站、个人网站等要进行严格考察。在组织网络信息资源时，专业馆员要综合考虑图书馆自建的数字化资源，采购的网络数据库、光盘数据库、电子期刊等情况，使信息资源目标一致、重点一致、特色一致，相互协调，优势互补。

图书馆虚拟馆藏的建设必须重视文献使用权的"取得"。复合图书馆也将采购文献信息的使用权，随着网络的发展，许多信息资源都以数字化形式出现，许多数字化资料也应按需取得使用权，故图书馆在进行传统资源建设的同时，还应设法"取得"有读者需求的信息的使用权。其方式主要有：①通过网络数据库；②与其他图书馆和信息机构共同建设共享的虚拟信息资源；③与出版发行商建立获取数字化资源的联系；④通过馆际互借或文献传递获得文献信息。

（四）资源仍以存取为主

利用互联网免费的开放性资源，整理组织网上信息，正在成为图书馆文献资源建设的重要途径，投入较少又很容易见到实效。

处理好"存取"和"拥有"的关系是图书馆文献资源建设中需要重点考虑的因素。存取和拥有并重是图书馆馆藏发展的最佳选择，受经费、技术设备等条件的限制，要求每个图书馆都拥有大量数字资源以满足日益增长的读者需求是不现实的，因此，数字资源建设应以存取为主。

（五）馆藏特色逐渐突出

突出资源特色，提供特色服务，既是图书馆赖以生存的基础，也是图书馆对资源建设提出的必然要求。图书馆资源的特色建设主要包括专业特色、类型特色、地方特色、文种特色。

未来的图书馆是互联网络的信息源，信息载体的电子化、智能化，信息传输的全球化、网络化，对传统图书情报工作影响深远。目前，图书馆面对诸多挑战，必须为自身的存在与发展找到合理的定位，要重视数据化进程中的馆藏特色服务。各图书馆文献采集应以服务任务与服务对象为依据，根据该馆服务区域的政治、经济、文化、历史等特征，对某一学科或类别的文献信息进行重点收藏，使之为有特定需要的读者群提供服务。

①特色馆藏建设的文献类型有一些同质化，如很多图书馆都建有古籍特藏、民国文献特藏等，有一些图书馆已将纸质文献建成数据库。各图书馆历史发展过程的不同，这些文献的具体内容并不相同，因此并不会降低各馆特色馆藏的价值。

②特色馆藏的文献保存形式多样，一些历史积累比较深厚的图书馆会有很

多纸质或者实物类型的特色文献，其他一些图书馆则更多地侧重于建设特色数据库。

（六）馆藏结构更合理化

馆藏建设应坚持三优先、三保持，即特色馆藏优先数字化，优先引进核心数据库，优先捕捉和组织网络信息资源；保持纸质文献数量的稳定增长，保持纸质文献及网络信息资源内容具有一定的覆盖面，保持阅读性和研习性信息资源的收藏比例。

合理的馆藏结构涉及各种类型资源经费分配比例。除了一般的书刊资料，图书馆在经费条件允许的情况下，通常会引进一些高品位的书籍，尤其是世界历史文化经典。经典书籍大多是圣贤所作，是前人遗留下来的精神财富，是高雅文化的精粹。阅读经典能够提高个人的文化素质与文化品位。除了对经典书籍的收藏外，图书馆还可以通过开展一系列的经典诵读活动，激发公众阅读经典书籍的热情。

图书馆在使馆藏结构更加合理化的同时，还应使资源得到最大限度的整合。从图书馆系统整合的理念出发，从为学科知识服务的角度出发，图书馆应系统全面地进行纸质文献与数字资源的整合，使它们有效兼容并形成一个统一的用户界面，最大限度地方便读者使用，最终实现纸质文献资源与数字资源的无缝对接。

三、图书馆文献资源共享的现状

2008年中国图书馆学会年会正式发布了中国图书馆界的第一个宣言《图书馆服务宣言》，宣言提出图书馆应通过系统收集、保存与组织文献信息，实现传播知识、传承文明的社会功能，还提出图书馆应肩负起缩小社会信息鸿沟的使命。宣言使用"文献信息"一词，并在其后的具体目标中提倡图书馆开展信息资源共建共享，促进全社会信息资源的有效利用。这反映了文献信息作为一种资源已成为图书馆传播知识信息的主体要素。

资源共享是图书馆文献资源建设中的一个重要内容。共建共享、开放获取的目的是促进人类科学知识和信息的广泛、便捷交流，促进人们利用互联网进行科学知识信息与科技成果的交流，提升各个领域科学研究的公共利用程度，保障科学知识、信息的临时保存和长久存储，提高科学研究的效率和科技成果的转化率。

蓬勃发展的学术开放获取运动为图书馆开放获取文献资源提供了良好的契

机，互联网上的开放获取的文献资源为图书馆提供了丰富的资源。因此，图书馆在战略思想上加强了对开放获取文献资源建设的认识，并在此基础上进行战略规划、战略设计、战略实施，从而完成图书馆开放获取文献资源建设，完善图书馆文献资源体系，改善图书馆馆藏文献资源结构。这是图书馆利用文献资源为读者和用户提供优质服务的强有力保障。

"图书馆知识共享空间"成为一种新的资源共享形式。"图书馆知识共享空间"是指图书馆通过利用馆舍等图书馆资源及各类现代技术、方法、制度等条件为读者提供知识共享所需要的各种环境和服务，包括虚拟环境、物理环境、软硬件条件和设施、文化环境、制度环境等。

"虚拟图书馆集群"是基于互联网虚拟空间的图书馆集群，是一些彼此关联的图书馆或者相关机构利用网络技术在互联网上形成的集聚体。虚拟图书馆集群的出现，让图书馆之间打破地域界限、实现共建共享的理想成为可能，随着信息交流和通信技术的日益发展，虚拟图书馆集群的运作模式被社会和图书馆界所接受。

四、数字化文献资源建设的现状

（一）图书馆数字化文献资源建设的主流类型

目前，图书馆数字化文献资源建设的重点方式之一，是图书馆购买商业性数字化文献资源，以文献数据库为主。目前文献数据库主要包括中国知网数据库、维普资讯数据库、万方数据库和读秀数据库。这种建设方式是目前图书馆资源构成的主要方式，但是其缺点也很明显，建设成本高，各馆重复订购浪费巨大。另外由于版权保护的因素，有些文献资源难以对外开放利用，这些都严重限制了数字化文献资源的利用率，大大降低了数字化文献资源的使用价值。

今后图书馆数字化文献资源建设的发展方向，就是图书馆自己组织建设具有互联网开放获取性质的数字化文献资源，其特点是开放共享性。目前我国已经基本形成了文献类型、数量、格式、获取方式等较为完善的开放获取数字化文献资源体系，因此，尽管这种建设方式在图书馆还不普遍，但是它所具有的数字化文献资源成本为零的核心特点，使其逐渐成为图书馆数字化文献资源建设的发展重点。

（二）图书馆数字化文献资源建设的辅助类型

图书馆数字化文献资源建设的限定共享辅助方式，就是图书馆通过参加各类图书馆联盟获取共享数字化文献资源，其特点是有限共享性。如图书馆从所参加的地区图书馆联盟、图书馆类型联盟、图书馆专项业务工作联盟等相关图书馆联盟组织获取共享型数字化文献资源。此类数字化文献资源的使用有一定限定条件，即一般只能在图书馆联盟范围内共享使用，联盟以外的图书馆是无法使用的。

图书馆数字化文献资源建设的自建辅助方式，就是图书馆自己组织建设数字化文献资源，通过对本馆所特有的珍贵文献进行数字化扫描来制作数字化文献资源，其特点是本馆自建性。此类文献资源制作技术较为复杂，工作量大，耗费多，且有部分纸质文献已经由其他单位扫描转化为数字化文献资源，如果本馆重复扫描处理，会造成人力、财力、物力、时间等方面的浪费。实际上，许多图书馆在进行数字化文献资源建设的初期，确实存在这方面问题。因此，这种数字化文献资源的建设方式只能是图书馆数字化文献资源建设中的辅助方式，而不能成为主要方式，也不能作为数字化文献资源的主要组成部分。

第二节 图书馆信息应用的现状

一、图书馆信息利用的现状

国际数据公司（IDC）发布的报告指出，全球信息总量每两年翻一倍。IDC 预测未来全球数据量将增长得越来越快。移动应用与智能终端的快速普及改变了公众传统文献信息获取途径以及资源消费习惯，图书馆读者的注意力也逐渐被大量 APP 所分散，传统文献信息服务优势逐步丧失，读者对图书馆的依赖程度不断下降。信息管理是图书馆文献资源建设工作中的重要内容。如今，读者所需要的知识系统更趋庞大，知识更新周期更短，图书馆需要为其提供所需的知识体系，同时，单一的信息资源也无法满足读者的多元需求与兴趣，全媒体信息资源更能吸引读者。这需要图书馆充分利用各类媒体手段，通过媒体融合与跨界合作，将图书馆信息服务等功能融入知识产品生产、传播等环节，进而提升图书馆文献资源利用率与综合竞争力。此外，互联网高速发展，信息资源的复杂性与无序性给图书馆文献资源获取与管理带来更多困难，如何高效整合各种不同形式与内容的数字资源，加强互联网技术应用，为读者提供更完善的信息服务，是当前图书馆须重视的问题。由于信息共享平台尚未完全普及，许多图书馆数字资源仍处于独立运行的状态，因此图书馆数字资源整合矛盾仍然存在。

（一）共享服务正在不断完善

现今，图书馆更注重数据信息的深度流通、应用以及共享。因此，在万物互联共享的环境下，图书馆应推动社会各领域、各行业的知识和信息资源的流动与融合，实现深度互联互通，利用网络技术实现信息、数据的存储、管理以及增值应用。读者对文献资源信息的需求呈现出新的特征，读者的文献资源内容需求也更趋多元化，除了传统纸质书刊文献，各类中外文献数据库、移动图书馆，如龙源期刊网、超星图书馆等都为读者带来了丰富的信息服务。随着新媒体的发展，部分图书馆也通过微信公众号等平台为读者提供更多样化的服务。中国新闻出版研究院2020年4月发布的《第十七次全国国民阅读调查报告》数据显示，2019年我国成年国民数字化阅读方式接触率达到79.3%，同比上升3.1%，连续11年处于增长态势。针对阅读形式倾向的调查研究发现，同样内容的电子版与纸质版图书，超过50%的人更倾向于购买电子版图书。对于图书馆而言，利用信息技术无疑将进一步使图书馆成为数据管理应用中心。大数据、云计算等互联网技术的应用实现了数据价值的深度发掘，推动了行业发展。图书馆长期以信息、数据为价值表现，同时兼具服务性、公益性等特征，因此成为推动数据信息资源应用的最佳主体。未来，随着互联网技术的不断发展，图书馆将通过自身文献资源以及收集、获取的其他大数据信息，为社会提供更全面的文献信息管理、使用以及共享服务。

（二）个人图书馆员服务缺乏

1996年耶鲁大学医学院图书馆提出"个人图书馆员"的设想，旨在为该校的每一个学生提供图书馆所独有的个性化服务。"个人图书馆员"项目为每一名新入学的学生配备一名专属图书馆员，图书馆员会与自己负责的学生通过不同的方式保持联系，直到该学生修满学分毕业，这期间每个"个人图书馆员"要负责80~100个不同专业、拥有不同学术水平的学生。作为学生和图书馆之间的联络人，"个人图书馆员"为其所负责的学生提供与图书馆相关的服务，甚至可以是与其他图书馆相互联系的服务，如馆际互借业务。如果"个人图书馆员"不能解决学生提出的问题，他会尽快找出解决问题的方法，或者求助于可以解决这个问题的馆员。在学生的学习生涯中，"个人图书馆员"将保持与学生的联系，让学生了解最新的图书馆相关资讯。基于同样的目的，1998年我国的大学图书馆率先建立了"学科馆员制度",经过多年的发展,"学科馆员制度"趋于完善成熟。学科馆员的重要性不言而喻,他不仅了解所负责学科文献资源的分布,还能及时征求读者意见,向读者提供个性化的服务,推动院系图书馆订购图书。学科馆员还能通过多渠道推广图书馆的资源和服务,提高文献的利用率。我们要结合图书馆自身的具体情况,注重嵌入式信息专员服务模式,加强与读者的沟通,把图书馆资源及时高效地提供给读者,满足读者的个性化需求,努力成为用户学习和科研方面的好帮手。我国个人图书馆员制度尚未完全普及,还需要不断改进和发展。

(三)个性化知识库使用较少

图书馆在个性化知识服务模式中,可以构建网络化的知识数据库,并构建专业学科知识资源的指引库,如学位论文库、机构知识库,满足读者个性化需求。在图书馆的建设与发展中,个性化知识库为建设引进数据库、整合网上数据资源提供一站式服务。知识管理中的图书馆,可以构建远程馆藏,还可以建设虚拟馆藏。读者可以通过网络,经淘宝、亚马逊、当当网等多个电子商务平台,阅读图书馆资源文献;还可以通过图书馆网站,选择所需图书后点击推荐,按要求操作,当出现"荐购成功"后即可。这加强了图书馆的个性化知识服务,使读者能够通过网络进行自动化的阅读,满足读者个性需求,不仅可以有效促进图书馆个性化知识服务定位,还可以优化分享图书馆的图书知识,促进图书馆个性化知识服务的可持续发展。图书馆应根据专业特点、读者需求等,制定有计划、有分类的阅读栏目,还要针对性地收集、补充文献资源,在多科学、多层面、多领域的知识中充分汲取营养。

图书馆在构建大数据平台时,必须对海量数据进行整理、分析和存储,而读者数据可以通过手机 APP 或图书馆网站的相关接口链接到后台数据库,也可以联合专业的大数据技术供应商共同研究面向专业图书馆的数据库,利用爬虫技术主动获取用户需要的文献资源,进而完成对基础用户数据的利用。图书馆文献信息服务要建立基础元数据,经过大数据技术的整理和分析,形成格式统一且兼容性好的可重复利用的数据。图书馆信息技术人员可以采用计算机分布式技术,对海量数据进行分析、挖掘和整理,形成符合地区读者特点的分布式大数据图书馆文献信息服务系统。

对于图书馆而言,其大数据主要来自馆藏文献数据、图书馆业务管理数据和用户数据,其中用户数据是图书馆提升管理和改进服务的关键依据。图书馆用户数据主要包括用户信息行为数据、用户教学科研活动数据、用户社交活动数据等。用户信息行为数据又可以分为用户在图书馆网络环境和实体中的信息行为数据、用户在图书馆以外网络环境和实体中的信息行为数据。用户在图书馆网络环境和实体中的信息行为数据主要包括以下内容。

①访问数据和借阅数据，包括到馆人次，图书馆网站的访问人数，联机公共目录检索系统检索次数，各类数据的检索、访问人数，论文下载量等数据。

②用户的注意力数据，如系统的导航记录、页面的浏览记录、菜单的选择与检索等相关数据。

③用户与图书馆的互动数据，如用户对图书馆资源的评价、标签、注解、评分、推荐等活动的数据，这些数据一定程度上表明用户的兴趣、爱好和使用意愿。

图书馆应以满足用户个性化需求为原则，通过多样化、可视化的大数据算法和移动互联网技术，挖掘用户数据和馆藏文献之间的关联规律，使图书馆今后的资源建设规划更加有的放矢。

（四）为资源采购提供决策支持

图书馆信息的来源呈多样性的特征，它包括图书馆业务信息、文献信息和用户使用信息三种基本类型。用户使用信息是指用户在使用图书馆信息资源或信息设施的过程中被计算机所记录的用户信息行为数据，既包括网络环境中的信息行为数据，也包括物理空间中的信息行为数据。图书馆系统通过大数据技术的运用，掌握用户使用资源的交互数据，如图书浏览、数据库访问、检索、下载记录、评论、推荐等信息，可以更加有效地评估用户需求。

通过挖掘用户检索日志，对那些被多次检索而图书馆又缺藏的资源，图书馆可以考虑购买。我们通过数据能够更全面、更精准、更及时地掌握单个图书馆或者某个系统、某个地域全部图书馆的用户对信息资源获取与利用的情况，为图书馆文献资源的采访决策、优化配置和数据库的删选调整提供科学依据，也为图书馆再造文献采访模式提供有力的保障。

（五）"读者决策采购"模式的发展

近年来，国内外各类图书馆普遍面临文献采购经费减少的问题，如外国图书馆无论是外文纸本期刊还是外文数据库的购买都出现了不同程度的下降，这对捆绑销售、集团购买和整库购买等方式造成不利影响。由于经费困难等因素，国外有部分图书馆已经停止以大宗交易（整库购买、捆绑销售）方式购买期刊资源，代之以按篇付费等模式。按篇付费方式订购期刊论文、按需购买单本电子图书和按需出版等方式的兴起，实际上是读者决策采购在图书馆资源订购中的体现。广义的"读者决策采购",也称"按需购买""需求驱动采购",是指将读者的阅读需求量化成一定的指标,作为图书馆文献采购和馆藏建设的决策依据。这也是以用户为中心、以用户需求为驱动、以用户使用量为决策依据的文献资源建设新模式在大数据时代引起的变革。这种按篇购买、按次计费、按量定价的文献资源建设模式是对图书馆现有文献资源建设模式的有效补充。

(六)实现信息有效组织和整合

文献资源的有效组织和科学管理是图书馆文献资源建设的重要组成部分。有些图书馆往往重视资源的购买而忽视资源的有效组织和整合。互联网时代的知识生产呈幂级数增长,知识体系的更新更加频繁,人们在图书馆检索中不只需要获取某一知识点,更需要获取知识体系。知识体系的动态构建和检索结果的有效呈现需要大数据的数据处理技术给予支撑。谷歌知识图谱、搜狗知立方、百度知识图谱等搜索引擎的推出,为用户的搜索提供多种媒体形式、多种知识点组成的知识关联结果,这大大扩展了用户搜索的知识范围,值得图书馆界学习和借鉴。同时,在大数据环境下,单一的媒体信息难以吸引用户的注意力,通过手机以及其他移动终端接收、融合各种信息形成的多媒体信息内容,更能引起用户的兴趣。图书馆应充分利用热门图书、视频资料,借助网络、手机、影视等媒体手段,与电信、移动、自出版网站和数据库平台等开展跨界合作,将图书馆的服务功能融入知识产品的开发、出版、传播的全过程,并通过自主或合作等方式进行多种衍生产品的开发,推动内容与技术的融合,实现纸质书、电子书、影视、动漫等衍生产品的有机融合,实现相关资源的有机关联,从而提升图书馆资源的受关注度、被利用率和整体竞争力。

(七)大数据推动信息有效利用

关于"大数据",目前尚没有统一、标准或权威的定义。但显然,数据"大"不等于"大数据"。实际上,大数据不是对数据规模的定量描述,而是一种在类型繁多、数量庞大的多样化数据中进行快速信息提取的技术和思维。关于大数据特点,已有文献做了大量的研究和总结,如 4 V(Variety、Velocity、Volume、Value)或"4 V+1 C"(Variety、Velocity、Volume、Vitality 和 Complexity)。大数据思维,即大数据技术的哲学基础或内在逻辑。

大数据既是一种技术,也是一种思维。对图书馆而言,关键是借助大数据思维创新信息服务模式,扩大信息服务范围,提高信息服务质量,同时为其他社会组织提供大数据源,创造信息价值。大数据技术本身只是实现目标的工具。在图书馆领域讨论大数据概念,开展相关研究,不可避免地要先回答

"图书馆有无大数据""图书馆的大数据是什么"这样的问题。在已有的研究图书馆与大数据关系的文章中,有人把图书馆自建或外购的数字资源认为是图书馆的大数据,对此笔者不敢苟同。虽然这些数字资源本质上是以0和1的"数据"形式存储在服务器上,而且达到了PB级,但它不是大数据意义上的"数据",它们是信息、知识。在图书情报学的研究领域,数据、信息和知识既相互联系又显著区别。大数据在被调用分析前是无序的,不能直接被利用。而图书馆的论文数据库等信息资源是可直接阅读、学习的文献和知识。但图书馆的MARC(机器可读目录)数据、读者的借阅记录、用户信息行为数据(如电子数据库的访问记录)等可以是大数据或者说可能成为大数据。大数据思维揭示的是隐藏在海量数据背后的某些规律性的东西或数据群与数据群之间的关联。

国内单个图书馆的MARC数据、读者的借阅记录数可能还达不到PB级,从规模上不属于大数据,但并不妨碍图书馆运用大数据思维。图书馆本可以拥有比现在更多的数据,但由于图书馆人员尚未学习、内化大数据思维,所以没有及时收集、存储每天都在产生的用户信息行为等数据,更没有对这些数据进行挖掘、开发和研究。对图书馆而言,目前应该进行的工作是注重收集和存储用户信息行为数据,一方面逐渐将其累积成大数据,为将来各项应用做好充分准备;另一方面借助已有的数据分析手段和研究方法,透过用户信息行为数据了解用户需求的变化特点,细分用户群体,进而促使图书馆文献资源建设和信息服务相结合。

一定规模以上的图书馆(如省级公共图书馆),每天服务的用户与大型企业每天接待的客户类似,其中都蕴含大量的用户行为数据,图书馆应对这些数据予以重视并收集。

大数据时代最重要的不是大数据,也不是大数据技术,而是大数据思维。思维是创新的源泉,学习并内化大数据思维对图书馆拥抱大数据时代至关重要。

1. 规律性

看似杂乱的海量数据必然隐藏着规律性的东西,每个数据背后都是对真实个体行为、心理、思想等的客观记录。人的行为模式、心理机制相对整个人类群体而言是极其稳定的,即呈现规律性。但这些规律在我们对数据进行分析和挖掘前是不知道的。

2. 无偏性

大数据技术的一个重要学科基础是统计学,因此大数据思维体现了统计学的思维特点,是对统计学的突破。统计学的一项重要成就是解决"代表性"问题。过去囿于现实因素，绝大多数的调查只能采取抽样调查的形式，但抽样始终是有偏见性的，不能代表总体，于是统计学致力于提高代表性。随着大数据技术的出现与应用，人们发现直接研究总体比较可行。

3. 关联性

大数据是由一个个数据、数据库、数据集和数据群不断累加形成的，数据越多其价值越大。因此，在进行数据挖掘时，我们既要注重数据群内部数据集与数据集之间的关联，又要注重数据群与数据群之间的关联，以挖掘更多的隐性价值。

4. 开放性

所谓开放性，指对可能的结论不带预设、预期，而是按照已获得验证的可靠的科学方法和流程去做研究。大数据研究是不带预设的，在得到结论之前不知道自己想要什么结论，即"未知的未知"。我们要先知道问题是什么，然后去找答案，由分析人员预先确定收集什么数据。当然，我们要实现"未知的未知"，前提是拥有大数据和配备相应的分析技术或系统。

图书馆是整个社会中信息资源的集散节点，如果用户无法从图书馆获得满意的服务就会转向其他组织或机构，而用户流失会动摇图书馆的存在基础。因此，图书馆应该组织学习大数据思维，了解大数据在其他领域的发展和应用。在没有学习和了解大数据思维之前，图书馆的管理层或馆员很可能产生错误理解，认为大数据技术高深莫测，进而产生距离感。大数据与我们的日常行为密切相关，图书馆的经济效益评估和信息服务工作都能应用大数据思维。有条件的图书馆可以尝试类似"图书馆立方"项目的实践，充分了解用户信息行为及其不断变化的需求，同时客观地量化评估自身的经济价值，从而不断改善信息服务和提高图书馆的重要性。

二、图书馆信息服务的现状

图书馆作为地区文化事业建设的重要组成部分，不仅是地区文化的象征，还密切关系着地区人民群众的文化生活，是满足群众文化需求、提升群众科学文化素养与文化品位的重要场所。面对丰富的文献资源，用户可以按照自己的需要，从自助查询终端上有目的地查找书刊或资料，或是随意取一本书，坐下来浏览品读。在浓厚的文化氛围熏染下，用户能够培养自己的阅读兴趣，在享受阅读带来的美妙体验的同时，提高自己的文化涵养。

图书馆具有公益性、开放性、平等性、自由性的特点，这些特点使其具有集聚人气的功能。图书馆是一种公共资源,它的资金取之于民,也应该用之于民。2008年4月,由中国图书馆学会颁布的《图书馆服务宣言》提出,"现代图书馆秉承对全社会开放的理念,承担实现和保障公民文化权利、缩小社会信息鸿沟的使命。中国图书馆人经过不懈的追求与努力,逐步确立了对社会普遍开放、平等服务、以人为本的基本原则"。从开放的对象来看,与其他第三空间相比,图书馆的开放程度是最高的,几乎是零门槛。

(一)用户信息服务的需求

随着社会的不断发展,计算机技术与通信网络技术迅速发展,人们赖以生存的生活环境发生了很大的变化。人们对知识的需求呈现出向个性化、学科化、多元化、数据化等方向发展的趋势,达到了前所未有的程度。现在人们获取信息的渠道多种多样,各种信息源错综复杂,信息的质量也参差不齐。过多的信息源反而使人们处于茫然的状态,无从下手,特别是一些垃圾信息充斥在有价值的信息之间。杂乱无序的信息会大大增加用户获取有价值信息的难度。图书馆作为知识创新,信息存储、加工和服务的场所,不能只把自己当作信息源(即信息的提供者),还应该把自己当作信息的梳理者,减少用户筛选信息的时间。图书馆有必要构建个性化知识服务体系来满足用户的需求。图书馆个性化知识服务的实施依赖于图书馆知识管理的开展。图书馆个性化知识服务需要满足用户需求,围绕知识开展专业化和个性化服务。加强知识管理,开展个性化知识服务,已经成为图书馆创新工作研究的热点。所以,基于知识管理的图书馆个性化知识服务模式的构建应该成为图书馆行业内研究的热点。开展个性化知识服务,也是图书馆工作的发展方向。构建图书馆个性化知识服务模式的四要素有个性化知识服务用户、个性化知识服务提供者即馆员、相关知识库、建立个性化知识服务平台。在构建个性化知识服务模式过程中,馆员需要建立相应的服务系统,筛选符合用户需求的信息,建立相应的数据库、知识库,主动向用户提供信息服务,保证用户能够在最短的时间内获取最准确的知识信息。所谓的知识库,可以是学位论文库、机构知识库,也可以是专题特色数据库等。学位论文是高校教学科研的主要成果;机构数据库包含多种学术研究的成果,包括科研人员的实验数据、实验结果等;专题特色数据库是围绕某一主题而建立的数据库。这些是查询文献资料不可缺少的数据库。个性化知识服务平台是指高素养的专业人才根据用户的需求,利用各种先进的现代技术进行知识推送,及时处理用户反馈信息的服务平台。图书馆工作人员在基于知识管理的个性化知识服务中,以方便用户自主检索为原则,围绕某个主题展开，在整合信息资源时存入相关信息的索引数据等，为用户提供更加快捷、准确的查询服务。

在很长一段时间内，图书馆承担着传播知识与技术的任务，同时也是人们学习的重要场所。信息的爆炸式发展以及传播技术的革新使图书馆的重要性逐步弱化，甚至出现了图书馆即将消亡的论调。从本质上看，用户愿意通过网络获取知识是因为网络能满足其个性化的信息需要，图书馆应该针对用户的个性化需求来开展服务，利用互联网等信息技术手段不断提高用户的图书馆服务体验。同时为了充分发挥图书馆的优势，我们应加强知识管理，保持图书馆的专业性、严谨性，继而建立基于知识管理的个性化服务体系。随着移动互联网和社交新媒体的发展，用户获取文献资料的手段更加多样，阅读方式有了更多的选择，图书馆已不是现代人获取文献资料的唯一场所。多元化、个性化是时代的主题，图书馆只有适应这种特点才能得到进一步的发展。提供基于知识管理的个性化知识服务正是图书馆应对互联网挑战的重大举措，这不仅满足了用户的个性化需要，还使用户更加准确、迅速地获取知识。

用户需要图书馆尊重其个性化差异。由于知识水平、观念不同，用户表现出一定的个性化差异，其不仅对知识有个性化的要求，对图书馆的服务也有不同的要求。从图书馆角度来看，图书馆个别馆员存在综合素质不高、专业素养缺乏、职业操守缺失和服务意识不强的现象，对用户的行为和心理把握不准确，不能及时满足用户的需求，所提供的服务也不能让用户满意，导致用户对馆员失望、不信任、排斥，进而关系淡化。同时，我们也应该注意到馆员语言表达与人际交往能力不强，同样会导致两者关系的淡化。从用户角度来看，用户文化素质参差不齐，过于注重自我意识，漠视图书馆的规章制度，不了解图书馆的服务内容和服务项目，表现为不遵守借阅制度、文献丢失损坏赔偿制度、文献逾期使用费交纳制度等。如用户信息素养不够，不熟悉不了解馆藏文献，没有掌握检索方法，同样也会排斥图书馆。从图书馆的角度来看，用户的个性是不可控制的因素，我们只能切实尊重用户的个性化差异，并尽可能满足其对知识、服务的个性化需要。

在个性化知识服务领域，国内的图书馆试图通过广泛地合作来满足自身对资源的需求，为了扩充资源，其不再局限于图书馆内部，而是从全局出发，在与用户沟通、商讨合作内容、满足用户需求等方面统筹布局，开展图书馆个性化知识服务。合作指图书馆和与其有密切联系的组织或单位开展的共同协作，这些组织单位包括一些平台开发商、出版公司、数据库厂商、物流机构等。图书馆根据自身的实际情况，通过这些合作有效地降低运营成本并提高运营效率，把更多的时间、精力、财力、物力用在提高服务的附加价值以及知识管理上。内容指图书馆提供的知识服务内容。知识服务内容的确定需要综合考量图书馆自身的实际情况以及用户的个性化需求。为了确保知识服务能满足用户的个性化知识需求，图书馆应对用户行为进行研究和分析，确定用户的兴趣点。准确的用户定位不仅能提高图书馆的个性化知识服务水平，还能促进图书馆事业的稳步发展。用户的借阅信息、图书馆官网的下载浏览信息是对用户进行定位时需要参考的信息。在不久的将来，图书馆极有可能根据不同的用户制定个性化的图书馆知识服务，向用户推荐书籍、参考文献、个人化的阅览室等，甚至和专家名师合作制作教学视频等。

（二）满足信息需求的方式

在图书馆行业，我们习惯把"图书馆服务"完全等同于"图书馆公共服务"，似乎"公益性"是政府完全承担图书馆服务的最权威理由。其实"公益性"体现的仅是图书馆社会价值的一种取向，图书馆公共服务的根本目的是实现和保障公民基本的获取图书馆知识信息的权益，满足广大人民群众基本的知识信息需求。

近年来，随着图书馆信息资源中心地位的下降，图书馆的核心价值受到关注，因为这是图书馆之所以存在的意义。图书馆的核心价值表现在多个方面，比如，为公众提供免费和公平的信息资源服务。

图书馆满足社会信息需求的方式有三种。

①向社会传递有序的文献信息，包含文献（包括传统的文献资源和数字化信息资源）的内容信息以及馆藏文献信息，主要是二次信息和三次信息。图书馆应尽可能地使无序的信息世界有序化，让人们可以在其中自由自在地获取信息。文献的信息内容能够消除用户对文献所论述的主题内容的不确定认识。这部分信息是图书馆要传递的主要信息，但是，内容信息的传递是以馆藏信息的传递为基础的，用户只有在获取馆藏文献信息之后，才能进一步获取文献的内容信息。如今，图书馆通常会通过自己的网站和第三方网络交互平台，向用户传递本馆的相关信息，如活动信息、业务信息、馆藏图书期刊信息。图书馆还通过在线咨询服务，实时解答用户提问，方便用户更好地获取和利用图书馆的信息资源。

②有一定资质的图书馆设有科技查新站和学科服务平台，向特定的用户传递深度加工过的信息。科技查新是文献检索和情报调研相结合的情报研究工作，它以文献为基础，以文献检索和情报调研为手段，以检出结果为依据，通过综

合分析，对查新项目的新颖性进行审查，写出有依据、有分析、有对比、有结论的查新报告，为科学研究人员提供某课题是否具有新颖性的判断，为科技成果的鉴定、评估、验收、转化、奖励等提供客观依据，同时为科技人员进行研究提供可靠而丰富的信息，减少科研人员查阅文献所花的时间，减少其工作量。

③图书馆是一个公共的空间，人们通过图书馆组织、主办的各种各样的主题讲座、文化展览、阅读活动等方式，打开"信息之窗"，获取各方面的知识和信息。图书馆利用各种场合举办各类活动，让大众相互交流心得体会，获取信息。这种信息是零散的、非有序化的零次信息，在人们的社会生产实践活动中大量存在，同时也是人们普遍需要的信息。

（三）信息服务的具体方法

1.通过举办活动提高文献资源的利用率

20世纪90年代，图书馆学家舒茨提出"公共图书馆是市民的第二起居室"，认为图书馆的任务是创造娱乐性阅读、自学进修以及信息研究的良好环境。到了2009年，国际图联年会的主题是"作为第三空间的图书馆"，图书馆"第三空间"运动兴起，吸引大众走进图书馆并参与其中。

图书馆是社会教育机构，能够满足大众终身教育的需求，但是，它的教育职能有一定的局限性。一方面，图书馆的用户具有广泛的社会性；另一方面，图书馆也必须依靠充足的经费、丰富的馆藏与网络信息资源，才能实现自身的教育职能。因此，图书馆需要在传统教育方式的基础上，注重新技术和新方法的应用，创新服务方式，强化其教育职能。比如，图书馆可以利用新兴的多媒体技术、设备和自身拥有的数字资源，为用户创造一个可以阅读数字书刊、欣赏视听资料、搜索网络资源的多媒体阅览室，通过更加生动、多元的方式满足用户汲取知识和信息的需求，帮助用户实现自主性学习。

除了满足基本的图书借阅、电子阅览服务外，图书馆还应开展和组织丰富多彩的读者活动。几乎每个图书馆都把文化活动设施作为图书馆建筑的一个重要组成部分，我们要努力把图书馆建成设备先进、设施一流的文化活动场所，举办各类文化休闲活动。不论是讲座、展览，还是俱乐部、技艺培训班，抑或是电影放映、艺术作品展示活动等，都可以增加大众的文化知识储备，提高人们的文化素质，同时也对图书馆的宣传起到积极作用。

2.通过线上搜索完善信息服务

图书馆应开发一些应用程序，方便本馆用户查询个人信息（如借阅信息、个人书架、定制信息等）与馆藏资源信息。如清华大学图书馆利用 IFrame 技术开发出了新书通告、图书搜索的应用，还有一个"虚拟馆员小图"，可在线与用户交流互动。

我们应借助社交网站的平台，利用社交网站开发技术，参考社交网站的设计，构建图书馆自己的社交网络。用户在原有图书馆网站上注册过信息的，可以利用已有的身份资料直接开通并激活图书馆社交网络账户。用户登录图书馆社交网络，可以进行馆藏资源及公告信息查询、数字资源下载、信息咨询等。

3. 提高专业馆员的素养

图书馆作为一个公共场所，馆员会不可避免地面对不同类型的用户。用户在知识水平、观念、个性上具有不确定性，是变量，并且这种变量不可控。因为用户组成具有复杂性，馆员组成具有相对确定性，所以我们要把握好确定的因素，注重馆员专业技能和职业操守的培养。在工作中，馆员除了加强对图书馆相关规章制度的宣传外，还要引导用户正确解读制度，增加用户对图书馆制度的认同感，进而消除馆员和用户在服务内容和管理项目上产生的误会。图书馆馆员还要注重对用户性格、情绪、行为方式的把握，把用户的消极情绪消除在萌芽状态。图书馆要加强专业技能的培训，使图书馆馆员具有图书馆学专业知识，提高馆员对馆藏和书目知识的熟悉程度，结合用户的需求，为不同学科、不同专业、不同层次、不同需求的用户提供优质的服务。每一个图书馆馆员都应该能够针对用户遇到的问题提出相应的解决方案，为其提供快捷、准确、全方位的服务。

4. 通过互动完善信息应用

处在互联网时代，面对用户群体，图书馆应该根据信息时代的规则，掌握用户的兴奋点和行为习惯，利用网络技术和用户进行互动。在美国，很多高校都在 Facebook、Twitter、Youtube 等社交网络上建立了学校的主页。在青年用户经常浏览的社交网站上，图书馆可以通过文字、图像和视频与用户展开互动。在互动的过程中，用户会得到一些附加服务，比如，图书馆提供的心理咨询和健康建议等服务，这些额外的信息不仅能吸引其他潜在的用户，还能促使用户主动和图书馆进行长期的互动，进而形成完美的黏性营销。在我国，清华大学、南京大学的图书馆在人人网上设有公共主页，并在与用户的互动中采用昵称，使组织机构形象化，拉近了与用户的距离；厦门大学、湖南大学的图书馆入驻了豆瓣小组，为了提高用户的活跃度，增加用户与用户、用户与图书馆之间的互动，图书馆会定期发布一些青年用户感兴趣的话题。微信、微博的兴起使人们互动的方式更加丰富多样，进一步方便了图书馆服务的推广。

5. 满足用户个性化需求

目前，信息获取环境的变化、知识社会的发展使人们的知识应用、管理、要求也在发生改变。在公众信息知识需求向多元化、学科化、个性化方向发展的情况下，作为知识存储、传播的主要部门，图书馆需要按照用户信息需求的变化对图书馆信息进行管理，使用户个性化信息需求得到满足。知识管理是一种新的管理模式，它以知识为基础，通过开发、利用知识资源，对隐性知识进行逐步的挖掘创新。图书馆的个性化知识服务馆员将一些潜在的隐性知识通过自身的素养转化成显性知识，反馈给用户，这是对知识的一种再创造。现在是信息爆炸的知识社会，用户如何从这些知识信息中快速、准确地获取自己想要的知识信息是图书馆工作的一个重难点。图书馆为了更好地为用户服务，让用户满意，就必须构建基于知识管理的图书馆个性化知识服务模式。

图书馆要改善知识资源的检索方式，使检索到的知识资源可以根据文献发表时间、下载量、浏览量、关键词出现频率来排序，并整合其他网站开放的知识资源供用户浏览下载。

图书馆要根据用户的需要，及时更新知识资源并剔除那些学术性不高、没参考意义的文献，减少用户检索到无用资源的频率，为用户节约时间。

在图书馆个性化知识服务模式中，用户既可以是组织又可以是个人，他们通过知识媒介获取、接受知识，因此又可称为知识受众。在具体的知识服务过程中，知识受众不是单纯地接受服务，而是积极地监督、评价服务，并利用自身知识挖掘、利用知识资源解决问题。

馆员是知识服务提供者，他们向用户提供所需知识，在图书馆知识服务体系中占据重要地位，其工作贯穿知识服务的各个环节。馆员主要包括知识专家咨询员、知识学科馆员、供职于图书馆的各领域专家、知识参考馆员。在具体系统工作中，知识参考馆员与用户沟通，了解用户需求，选择用户需求的知识、信息，将其提供给用户。同时，知识学科馆员基于知识管理流程系统，利用现代信息技术转化信息资源，使其成为知识产品并提供给用户。对于馆员自身而言，需要具备专业学科知识，熟悉信息管理相关知识，精通图书馆业务，能够采集、组织、分析知识，确保知识提供的准确性。

图书馆个性化服务系统构建从知识库入手，涉及的知识主要来源于专家知识库、网络资源库、内部知识库、文献知识库等。在个性化知识服务模式中，馆员捕获、录入知识，然后通过知识信息加工、整理、排序等程序组建知识库，在用户需要时，将信息知识提供给用户，并不断融入新的知识资源，不断更新知识产品。在具体构建中，图书馆馆员利用网络技术采集、组合知识，建立网络信息资源导航库。

服务平台是一个知识管理、学习的平台，是连接馆员、用户的桥梁。通过服务平台，馆员将知识服务提供给用户，用户接受知识服务。同时，在整个个性化知识服务模式运行中，各系统要素之间的联系、合作均须通过服务平台完成。服务平台的工作包括提供虚拟参考咨询、整合知识服务资源、智能化搜索引擎、学科资源导航等。在构建服务平台时，图书馆需要引进先进技术，借助通信技术、现代网络技术的优势，设计专门的计算机系统，从而满足用户的知识需求并加强对个性化知识服务、智能化知识服务和知识推送服务的深层次探究。

在个性化知识服务工作中，首先，用户提出知识需求，并根据需求运用服务平台合理地检索知识信息；其次，个性化知识服务提供者根据用户需求对信息资源进行收集、整理和二次加工，并将整合好的知识资源推送给用户，使用户获取个性化的知识服务帮助；最后，用户使用获取的个性化知识资源，并将使用情况反馈给知识服务的提供者。在个性化知识服务中，个性化知识服务提供者需要收集、重组信息资源库中的信息知识并个性化定制信息，通过服务平台推送给用户，并丰富知识库。在服务流程中，知识管理伴随其中，个性化知识服务提供者通过对资源库的搜索，对知识信息进行挖掘、创新，使用户得到更全面、更符合需求、可利用的知识信息。简而言之，个性化知识服务提供者需要对知识信息进行管理，并将整合后的个性化知识信息推送给用户。

馆员要根据用户的需求，积极配合个性化知识服务的科研、教学工作及其他方面的工作，将图书馆信息资源服务直接融入个性化知识服务的教学、科研活动中。在图书馆知识管理中，图书馆要建立并完善以个性化知识服务、服务提供者、个性化知识库以及服务平台为组成部分的个性化知识服务模式，以知识管理作为个性化知识服务的理论基础和指导思想，保障图书馆个性化知识服务的有效实施。图书馆对知识进行收集、加工，并结合现代化工具进行传递，能促进图书馆内各种知识实现有机融合，从而为图书馆个性化知识服务提供资源保障。图书馆个性化知识服务的实施，可以为用户提供以解决问题为主的知识服务，确保用户利用图书馆的知识服务系统，获取其需求的知识内容，从而实现对图书馆知识服务的创新，丰富图书馆知识管理内容。我们可以组织专业领域的人力、资源，为图书馆的个性化知识服务提供专业知识，还可以建立有序的知识管理体系，使图书馆的知识可以在更大范围内实现有效共享。例如，我们可以在图书馆中建立联合采编中心，还可以建立文献知识中心联盟，自主实现知识应用与知识共享服务。图书馆还要提高档案信息产品的质量，随时随地地使用"云服务"平台，通过文本、图片以及音频等自由组合的模式，使用户可以在线阅览，提高图书馆个性化知识服务质量。

6. 大数据提升图书馆的服务水平

随着大数据分析与应用体系的建立，图书馆将真正完成从以"用户为中心"理念向以"用户服务为中心"理念的转变，建立以个性化推送为模式，以自动、智能、快速、精准服务为标准的有效体系。在大数据的管理与应用中，图书馆的重点是对大数据资源进行分析、判断、评估、决策和应用，其核心是大数据资源的流动性、融合性、关联性和共享性。图书馆大数据的价值转化主要分为"数据—信息—知识—智慧"四个环节，智慧管理和智慧服务是图书馆大数据应用的最高层次和最终目的。图书馆利用大数据资源的信息分析和价值挖掘，一方面，可以准确掌握用户的阅读行为、阅读个性、阅读兴趣、社会关系等信息，从而制订符合用户阅读兴趣、阅读需求的服务模式，实现有效的个性化推送服务、跟踪服务，并对个性化服务的有效性进行评估和管理；另一方面，可以对用户群进行分群、分层的管理与分析，整合用户的阅读行为、阅读模式、阅读终端类型、社会关系和位置信息等数据资源，利用数据挖掘、聚类分析等手段，对用户进行精准的分群，并根据分析结果对用户群进行信息资源的精准推送，同时优化图书馆信息资源的配置，改变资源购买的决策模式，从而提升图书馆服务的能力和水平。

三、图书馆信息安全的现状

在互联网时代，安全总是最重要的，一种服务模式的运行，不仅要提供高效便利的服务，还需要保证用户在使用的过程中不会出现安全方面的问题。例如，下载通道是否稳定、阅读环境是否干净、文件中是否混入病毒代码、网页是否被木马劫持等。图书馆在建立和完善的过程中，服务的重点不再只是对资源的整合、管理，而更应该为读者、用户提供安全的服务环境，成为安全服务的必要提供者。

当前图书馆文献资源建设所需技术包含软件技术、文献资源数字化、平台交互、文献存储、数据库应用、在线服务、索引以及网络安全技术等多项内容。

（一）外部安全风险

1. 黑客破坏

对于数字图书馆而言，黑客可以制造的危害主要体现在以下三个方面。

①恶意破坏数字图书馆的信息管理系统。现代数字图书馆高度依赖信息管理系统，如果信息管理系统遭到恶意破坏，最严重的情况是造成整个图书馆服务体系的瘫痪以及无法挽回的经济损失。

②窃取数字图书馆所拥有的一些特色电子馆藏资源和花巨资购买的数据库资源。现代数字图书馆已经迈入了有偿商业化管理模式阶段，正因为如此，这些有偿使用的信息资源就存在被黑客窃取的风险。

③黑客利用非法手段使用数字图书馆专享的网络资源。如果黑客控制了数字图书馆的网络系统，就可以不受任何限制地窃用数字图书馆丰富的信息资源，严重危害数字图书馆的建设、维护和信息安全。

2. 网络病毒

在数字图书馆时代，图书馆内部局域网与互联网之间的联系越来越紧密，使图书馆的网络设备和服务器感染网络病毒的风险日益增加。如果有网络设备或者服务器感染病毒，数字图书馆的服务质量会大受影响，情况严重时，会造成数字图书馆的网络或服务器瘫痪，网络信息服务无法开展，甚至会破坏图书馆信息管理系统，造成无法挽回的损失。

（二）内部安全风险

1. 软件风险

软件风险主要指操作系统和应用系统本身存在的安全漏洞，这些安全漏洞给黑客和网络病毒留下了可乘之机。

2. 管理人员技术素质不足

目前，仍有相当部分数字图书馆网络管理人员不是计算机网络专门人才。一方面，这些管理人员不能及时发现并排除网络信息安全隐患；另一方面，他们在进行网络配适和权限管理时容易留下安全漏洞。

3. 管理制度欠缺，执行不到位

当前，很多图书馆存在网络安全管理制度不健全或执行力度不够等问题，这使网络安全体系的安全控制措施不能充分、有效地发挥其效能，从而给黑客提供了可乘之机。

第三章 图书馆文献资源的类型

图书馆文献资源类型复杂，数量庞大。为了提高馆藏资源的利用率，我们必须对文献资源的类型做详细的研究。本章分为图书文献、连续出版物、期刊文献、特种文献、网络文献信息资源五部分，主要内容包括：什么是图书、图书的起源与发展、图书的特征、图书文献的类型、连续出版物的定义、连续出版物的特征、期刊文献概述、期刊的识别、标准文献、专利文献等。

第一节 图书文献

一、什么是图书

图书又称"书籍"，是通过一定方法与手段将知识和信息内容以特定的形式（文字、图画、电子文件等），按照一定的体例系统地记录于一定形态的材料之上，用于表达思想、积累经验、保存知识、传播知识的文献。图书是文献中较早出现的一种出版物，在今天仍然有着重要作用。它是人类社会发展到一定阶段的产物，是一种特定的不断发展的知识传播工具。

联合国教科文组织对图书的定义是凡由出版社（商）出版的，不包括封面和封底页码在49页以上的，非定期出版的，具有特定的书名和著者名的，编有国际标准书号的，有定价并取得版权保护的出版物。

在我国古代，人们曾对图书下过不同的定义：从图书的内容方面定义的有"百氏六家，总曰书也"（《尚书·序疏》）；从图书形式上定义的有"著于竹帛谓之书"（《说文解字·序》）。显然，这些定义是时代的产物，是对于当时的实际情况而言的，不可能对以后的发展做全面的概括。但上述定义已经正确地揭示了当时书籍的内容和形式特征，并且把"书"看作是一种特指概念，把它与原始的文字记录区别开来。经过了数千年演变，图书内容的知识范围扩大了，记述和表达的方法增多了，使用的物质载体和生产制作的方法发生了多次的变化，因而产生了图书的各种类型、著作方式、载体、书籍制度以及生产方式，所有这些促使人们对图书有了系统、明确的概念。

图书载体也因时代和地域不同呈多种形式，古埃及用纸草，古巴比伦用泥板，古印度用棕榈科树叶，欧洲中世纪用羊皮，我国曾先后用甲骨、青铜器、石头、竹木、缣帛等。汉代发明造纸术后，纸逐渐成为全世界人民最理想的文字载体。印刷术的发明使图书在质和量两方面都产生飞跃，使知识的积累和传播规模更大、范围更广。20世纪以后，科学技术的发展为图书的进步展现了更为广阔的前景，出现了非纸质、非印刷型图书，如缩微胶卷、视听磁带、全息超缩胶片及激光光盘等，具有占据空间小、存贮密度高、传播速度快、便于检索、利于保存等优点。非纸质、非印刷型图书与纸质印刷型图书互相取长补短，共同发挥保存人类文化遗产、交流传递知识信息、进行社会教育等作用。

直到今天，图书仍有广义和狭义之分。对于"图书馆"和"图书情报工作"等概念来说，"图书"是广义的，泛指各种类型的读物，既包括甲骨文、金石拓片、手抄卷轴，又包括当代出版的书刊、报纸，甚至包括声像资料、缩微胶片（卷）及机读目录等新技术产品。而在图书馆和情报所的实际工作中，人们既要把图书同期刊、报纸、科技报告、技术标准、视听资料、缩微制品等相提并论，又有所区别。在前者与后者有所区别的时候，图书包含的范围就大大缩小了，这是狭义的"图书"。

二、图书的起源与发展

中国是具有5000年历史的文明古国，伟大、勤劳、智慧的中华民族创造了光辉灿烂的文化。在中华民族的文明史上，不仅产生过许多伟大的思想家、政治家、科学家、军事家、文学家和艺术家，还留下了丰富多彩的文化典籍。如果从最古老的甲骨刻辞、青铜器铭文、石刻文字算起，到竹简、帛书和写、印在纸上的书籍，其历史之悠久，种类之繁多，内容之丰富，世所罕见。

早在1800多年前，我国就发明了造纸术。纸的发明与改进，促进了书籍的社会生产。大约在1300年前，我国发明了雕版印刷术。900多年前，我国又发明了活字印刷术。这一系列的重大发明，不但使书籍的社会生产跨进了一个新的时代，而且使人类文明跨进了一个新的时代。这是中华民族为人类文明进步做出的伟大贡献。

（一）初期的书籍

人类社会生活需要传递信息和交流思想。在文字产生以前，人们主要靠语言相互沟通，但语言受时间和空间的限制，因此古人便采用结绳、刻木以及简单的图形符号等方法来帮助记忆。

但是，只有文字才能超越时空，准确记录语言和表达思想。在商王朝和西周早期，人们将占卜辞、重要历史事件等用文字记录下来，形成了甲骨刻辞、青铜铭文、石鼓文字等，这些属于档案性质的文献资料，我们称之为"初期书籍"。

（二）正规书籍的产生与发展

书籍指那些以传播知识、介绍经验、阐述思想、宣传主张为目的，经过编制或创作，用文字写、刻、印在一定材料上的著作物。以此为标准，正规书籍大致出现于春秋末期。相传孔子勤读《易经》，"韦编三绝"，可见这时已出现了竹木简的书，此外还有写在丝织物上的书，称为"帛书""素书"或"缣书"。《墨子》中说："书于竹帛，镂于金石"，这是对纸本书出现以前书籍制作材料的高度概括。东汉蔡伦改进了造纸技术，并加以推广。东晋时，政府下令用纸写书。纸的产生，使书籍制作材料发生重大变革，在我国书史上具有划时代的意义。

（三）雕版印刷的书籍

从纸张发明到隋唐时代，纸本书的制作主要靠手写。随着社会的不断进步，这种方式远不能适应客观需求。隋末唐初出现了雕版印刷术。雕版印刷术的发明，大大促进了书籍的发展。唐咸通九年印制的《金刚经》为现存最早有确切纪年的印刷品。

五代时期为我国雕版印刷由民间走向官府的重要时期，开创了官府刻印经典书籍的先河，对我国雕版印刷的发展起到了巨大的推动作用。

宋代为我国雕版印刷术发展的黄金时代，其雕印的书籍，校、写、刻、印、纸、墨皆精，表明宋代的刻板、印刷、造纸、制墨等技术工艺都达到了相当高的水准。元代刻书承宋代之风，字体流行赵孟頫刚劲秀逸之体，对明初刻书影响较大。

明代刻书更为发达。明末出现的拱花及豆版套印技术，将雕版印刷术推向新的高峰。

随着书籍生产材料的不断变化，书籍的装帧形式也产生了相应的变化。纸本书出现后，大致流行过卷轴装、经折装、梵夹装、蝴蝶装、包背装、线装等多种形式。

（四）活字印刷的书籍

北宋庆历年间，布衣毕昇首先使用泥活字印刷书籍。这一发明为快速印制书籍创造了条件，是印刷史上的一座里程碑。毕昇比德国谷腾堡使用相同原理印制的书籍早近 400 年。

元代大德年间，王桢又发明了木活字，明代还有铜活字出现。现存最早的木活字印本为西夏文的《大方广佛华严经》。明弘治年间的华燧会通馆，用铜活字印刷了《宋诸臣奏议》《锦绣万花谷》《容斋随笔》等书籍。

在清朝政府的提倡下，活字印刷有了更大地发展。雍正时期排印了《古今图书集成》，共铸铜字 20 多万个。乾隆时期制定了《钦定武英殿聚珍版程式》，并排印了《武英殿聚珍版丛书》，成为活字印刷发展、普及的标志。

活字印刷术的发明与运用，标志着中国图书的发展进入了新的时代。

三、图书的特征

图书是记录和保存知识、表达思想、传播信息的最主要的文献，其信息承载量大，便于存放、携带，可不受空间、时间限制。这些优点使图书无论是过去、现在还是将来，都是人类社会最主要的信息交流媒介之一。

（一）图书保存和传播知识的特征

图书是最好的保存和传播知识的文献资源。图书作为一种重要的文献信息源，其特点首先体现在保存和传播知识方面。我们通过它可以了解别人关于某个专门问题的研究或对实践经验的系统论述。图书的成书过程较长，从写作到出版，要经过撰写、核对、鉴别、筛选、提炼、校对等多道工序。因此，图书的知识内容较其他形式的文献更成熟、更稳定、更可靠。我们如果想对某些问题进行较全面、系统地了解，或对不熟悉的领域做初步、基本的了解，阅读有关图书是一个较好的办法。

（二）图书内容的特征

图书是一种主要的印刷型文献。在悠久的发展历史中，图书形成了其他印刷型文献不可比拟的显著特征。图书是编著者对所论述的主题文献进行选择、鉴别、核对、融会贯通后写成的，其知识内容大都比较成熟、系统。每种图书都至少有一个主题，会对某一学科或主题进行比较系统、全面的论述，是编著者对自己的社会交往、生产实践和科学实验等经验的概括以及对前人某方面知识的综合论述。图书正文部分少则几万字，多则几十万字，甚至几百万字。从知识内容看,图书涉及自然和社会现象的各个领域,既有专门论述某一学科或主题的专著,又有系统论述某一学科或主题的汇编;既有以普及科学知识为目的的通俗读物,又有供教学使用的教科书及教学参考资料,还有专供检查、参考用的各种工具书(如字典、辞典、手册、手鉴、百科全书等)。图书知识内容的全面性、系统性、集中性和成熟程度,使其历来为各类型用户所重视。从出版形式看,图书大都成卷成册,一般有封面、目录、版权页等,并且版式规范,书形适宜,装帧完美,便于保存和利用,是图书馆所藏文献的主要部分,是文献信息来源中不可缺少的重要资源。图书所记录的知识虽然可能比期刊、论文等文献更新慢,但它所反映的知识内容是对以往知识的概括和总结。我们要获得比较全面、深入、系统的知识,图书无疑是最重要的文献资源。与其他出版物相比,图书有两个显著的特点:①内容比较系统、全面、成熟、可靠;②出版周期较长,传递信息速度较慢。

四、图书文献的类型

(一)古籍图书文献的类型

1. 古代早期的文字载体

古代早期以甲骨、青铜器以及石刻等载体记载的文献还不能算是真正的古籍图书,但这些文献的载体及其内容与以后文献的竹帛纸张等载体及其内容有许多内在的联系。

(1)陶器

龙山文化(公元前25世纪—公元前20世纪)和良渚文化(公元前33世纪—公元前22世纪)的陶器上已经发现有刻画简单的文字,是我国迄今为止发现最早的文字,称为"陶文"。这一时期的陶文尚未被辨认出来,很可能是一种消逝了的文字。但从中可以证明,陶器是已知最早的人工制作的文字载体。

(2)甲骨

甲是指龟甲,骨是指兽骨,主要是牛的肩胛骨,写刻在甲骨上的文字被后人称为"甲骨文"。因这些文字是商王朝用龟甲、兽骨占卜凶吉时写刻的与占卜人有关的记事文字,故又被称作"契文""卜辞";又因甲骨最初出土于河南安阳小屯村的殷墟,故又被称作"殷墟甲骨"或"殷墟文字"。甲骨上记载的内容并不是为了传播知识,因此不能称之为书籍,但甲骨是历史上一种重要的文字载体。

（3）青铜器

中国的青铜时代从公元前21世纪开始，直到公元前5世纪止，经历了1500多年，大体相当于夏、商、周以及春秋时期，大约在商王朝晚期的第二期铜器上才出现铭文。较早的铭文只有几个字，商王朝末年开始有较长的铭文，最长的有三四十个字，西周的铜器铭文增多，出现有近500字的长文，多为与祀典、锡命、征伐、契约有关的记录。青铜器的铭文记载了我国许多古代文献，因此后人称之为"青铜器的书"。中国社会科学院考古研究所于1984年编纂出版的《殷周金文集成》，就收录了国内外收藏的铭文拓片及图像1万多件。

（4）石片和玉片

1965～1966年，在山西省侯马晋城遗址出土了一大批春秋晚期写有文字的玉片和石片。这批玉石文书的内容是反映韩、赵、魏三国分晋前夕，晋国世卿赵鞅为战胜敌对势力巩固内部关系，同卿大夫间举行盟誓时订立的盟约，故称为"侯马盟书"。盟书一式两份，一份藏于盟府，一份埋于地下或沉在河底，以取信于鬼神。侯马盟书是用毛笔书写的，多数为朱红色，少数为黑色。侯马盟书的发现，表明春秋晚期的人们已经有意识地整制玉石成片，使之适于书写，作为文字的载体。

（5）石雕

除陶器、甲骨、青铜器之外，古人还在石头上刻字，谓之石雕。《墨子》中有"镂于金石"之说。战国时代，人们在石头上刻字已经很流行。现存最早的石雕是陕西出土的石鼓，是战国时代秦国的石刻，为花岗石质，圆顶平底，高约90厘米，直径约60厘米，共10件，原文700余字，现存272字。雕刻在石碑、摩崖上的儒家经典和佛、道经典，谓之石经。历史上最著名的石经是汉灵帝嘉平四年至光和六年雕刻的《熹平石经》，由蔡邕等人用隶书书写上石，共刻成46碑立于洛阳太学。其内容为《鲁诗》《尚书》《周易》《春秋》《礼仪》《公羊传》《论语》七种儒家经典。石碑高一丈，宽四尺。嘉平石经之后，历代都有石经传世，如三国时期的《正始石经》，曹魏正始二年刻成古文、篆文、隶书三种书体的石经，又称《三体石经》，唐文宗开成二年的《开成石经》，五代蜀广政元年至广政二十八年刻的《后蜀石经》，宋仁宗庆历元年始刻的《北宋国子监石经》，宋高宗用楷书手写付雕的《御书石经》以及清朝的《乾隆石经》等。在文字传播的准确性和广泛性上，石雕具有更大的意义，被后人称为"石头书"。

2. 我国真正的古籍文献

（1）简牍

简牍是中国古代书写在竹、木制成的材料上的文献，是我国最早的正式书籍。竹简就是竹片，截竹为简，便成为书写材料。一根竹片叫作"简"，把多根简编连在一起叫作"简策"，"策"意与"册"相同。一块木板叫作"版"，写了字的木板叫作"牍"，一尺见方的"牍"叫作"方"。简策一般用于记录长篇著作或文字，版牍的主要用途是记录物品名目或户口，也可画图和通信。据考证，我国在公元前1300多年已有简策，后世一直沿用到印刷术发明之后，春秋到东汉末年这段时间最为盛行，东汉以后逐渐为纸写本所代替。迄今为止发现最早的简牍实物是战国时期写有文字的竹简和木牍。

（2）帛书

帛书亦称缣书，是写在缣帛（丝织品）上的书。《墨子》中有"书之竹帛，镂之金石，琢之盘盂"的记载。帛书起源于春秋时期，实物则以1942年长沙子弹库楚墓出土的为最早。战国时代，帛书与简牍是同时并用的。三国以后，纸逐渐通行，帛书随之渐少。帛书的使用时间大约在战国时期到三国时期之间，即公元前4世纪到公元3世纪，长达七八百年。

（3）写本书

东汉蔡伦改进了造纸技术，这是书籍制作材料的重大变革，在人类文明史上具有划时代意义。纸材取代简牍成为普遍采用的书籍材料，在纸上抄写是成书的主要形式。纸的来源充足、抄写容易，因此文字、书籍的传播更加广泛。隋唐时期是我国写本书的极盛时期。写本又称手抄本，是以手工抄写而成的图书或文稿，包括手稿本、清稿本、抄稿本、影抄本，在版本学上与刻本或印本相对。自有文字著述以来，用手工抄写的方式来保存和传递知识的活动就始终存在。抄写既是求知自学、积累知识的基本手段，也是书籍制作和文献整理的基本工作，更是书籍传播和流通的必要方式。我国的出版历史上，在雕版印刷术发明之前，图书基本都是写本，书籍的生产与流通全靠人工抄写。这一时期的出版历史属于手抄本时代。隋唐以后，雕版印刷术的发明和推广使书籍的制作和流通逐渐摆脱了手工抄写的限制。从此以后，印本书便逐渐登上了历史舞台，人类社会也进入了印刷时代。

（4）刻本书

刻本书就是刻板印刷的书，一般是请书法很好的人写版，即将要雕刻的内容先写在纸上，然后将写好的纸稿反贴于预先准备好的木板表面，给予一定的压力，使文字或图像呈反向转移到木板上，再由雕刻工人雕刻成反向凸起的文字或图像，校正无误后印刷成书。刻本书有雕版刻印和活字刻印两种，活字印书有泥活字、木活字、金属活字和磁活字等。刻本书大致可分为宋刻本、元刻本、明刻本、清刻本四种。

①宋刻本：北宋早期多为欧体，后又流行颜体，而南宋以柳体为多。纸张多用白麻纸，闽本用黄麻纸。刻本上下栏线细，左右栏线粗，行宽，字疏，版心多有刻工姓名和字数，装帧采用蝴蝶装。

②元刻本：以赵体为主，简体字增多，版式多为四周双栏，行窄字密。纸张主要用黄麻纸、白麻纸、竹纸，装帧以色背装为主。

③明刻本：明初多为软体字，中期以后多用仿宋体，晚期字体变长，有长实体之称。纸张多用白绵纸、黄绵纸、竹纸、毛边纸、毛太纸，晚期用竹纸偏多，版心上刻有字数及刻工人名。嘉靖时期以前为色背装，万历时期之后改为线装。

④清刻本：早期字体有明末风韵，字形长方，横粗竖细。康熙时期之后流行硬体字，道光时期以后的字体呆板，称"匠书体"。纸张品类极多，有十余种，装帧都是线装。

3. 我国古籍图书的类型

（1）类书

所谓类书，就是采撷群书，辑录各门类或某一门类的资料，随类相从而加以编排，以利寻检、引用的一种古典文献工具书。其体例有集录各门资料于一书的综合类和专收一门资料的专科类两种。编辑方式一般按分类编排，也有按字分次编排的。现存的著名类书有：唐代的《艺文类聚》《初学记》，宋代的《太平御览》《册府元龟》，明代的《永乐大典》，清代的《古今图书集成》。其价值有两方面：①保存我国古代大量的接近原作的珍贵资料，以供校勘典籍、检索诗词文句、查检典故成语出处之用；②为研究者直接提供了专题研究的资料。

（2）政书

政书是主要记载典章制度、沿革变化及政治、经济、文化发展状况的史书。政书搜集历代或是某一朝代政治、经济、文化制度方面的材料，分门别类地加以编排，含有制度史、文化史、学术史方面的信息。由于政书具有资料汇编性质，所以一般也作为工具书使用。

（3）丛书

丛书，或称"丛刊""丛刻""汇刻书""套书"，是把各种单独的著作汇集起来，冠以总名的一套书，分为综合性丛书和专门性丛书两种。

中国的丛书，一般认为始于南宋，俞鼎孙、俞经的《儒学警语》可算为丛书的鼻祖，刻于1201年。以后各代多有编纂，比较有名的丛书如《四库全书》《四部丛刊》《四部备要》等。其中《四库全书》的部头之大，堪称中国古代丛书之最，共收书三千五百零三种，七万九千三百三十七卷，约九亿九千七百万字。当时，《四库全书》没有刻印，全书只抄写七部，曾分藏于清代的七大藏书阁。

（4）辞书

辞书是汇集与解说词语的工具书，以词语为对象，包括字典和词典。中国古代无字典和词典之分，一般统称为字书。我国古代的字书，有讲字形的，如《说文解字》就是我国第一部以分析字形、探讨字体结构源流为主要内容的字书；有讲训诂的，如《尔雅》就是我国第一部以训释字义和词义为主要内容的训诂书；有讲字音的，如《广韵》就是我国现存第一部完整的以归纳字音、探求声韵源流为主要内容的韵书。

（二）现代图书文献的类型

图书的种类繁多，根据不同的情况、目的和需要，有多种划分的方法。

①按照知识的内容可划分为：社会科学图书、自然科学图书。

②按照印刷的文种可以划分为：中文图书、日文图书、西文图书、俄文图书等。

③按照作用可以划分为：普通图书、工具书、教科书、科普书等。

④按照著作的方式可划分为：专著、编著、译著、文集、汇编、类书等。

⑤按照知识内容的深浅程度可划分为：学科专著、科普图书、儿童读物等。

⑥按照生产的方式可划分为：写本书、抄本书、铅印书本、打印本书、排印本书、照排本书、影印本书等。

⑦按照装帧的形式可划分为：精装书、平装书、线装书等。

⑧按照刊行的情况可以划分为：单行本图书、丛书等。

⑨按照出版卷帙可划分为：多卷书、单卷书等。

⑩按照版次和修订情况可划分为：初版书、再版（重版）书、修订本书、增订本书等。

⑪按照载体可以划分为：纸质图书、感光材料图书、磁性图书、电子图书等。

⑫按照图书内容所属学科范围可划分为：数学图书、物理学图书、化学图书、生物学图书、医学图书、文学图书、历史图书、哲学图书、政治图书、军事图书等。

⑬按图书的珍贵程度可划分为：一般图书、善本图书、珍本图书等。

第二节 连续出版物

一、连续出版物的定义

（一）什么是出版物

出版物是指以传播文化和知识为目的的各种产品（包括印刷品、电子产品）的总称，属于传播科学文化知识的媒体（载体），是出版工作的成果。它还指用传统的印刷手段或其他非印刷手段生产制造的记录人类知识、传递知识信息的载体，是精神创作与物质生产的统一体。出版物分定期和不定期两大类，前者包括期刊、报纸、年鉴等连续性出版物，后者是以图书（包括书籍、丛书、多卷书、课本等）为主的不定期出版物。报纸按出版时间分为日报和非日报，期刊（杂志）一般有周刊、旬刊、半月刊、月刊、季刊等。书籍有封面并装订成册。

传统意义上的出版物，通常是指纸张合订的、传播各种知识为主的印刷品。现代意义上的出版物，包括声像型、光盘型、电子型和网络型等非印刷型出版物。

出版物有多种类型，按出版者的不同，可分为政府出版物、机关团体出版物和一般出版物；按发行方式、发行范围和发行对象的不同，分为内部读物和公开出版物；按装帧形式不同，出版物还分为精装版和平装版。上述出版物均为印刷品。随着缩微成像技术、录音技术、录像技术和计算机的发明与应用，出现了新型、非印刷品的出版物，包括唱片、缩微胶片、录音带、录像带、光盘等，通称为缩微制品、视听材料、电子出版物以及网络出版物。

（二）什么是电子出版物

所谓电子出版物，是指把应用软件和以数字代码方式加工的图文声像等信息存储在磁、光、电存储介质上，通过计算机或者具有类似功能的设备读取使用的大众传播媒体。电子出版物的标识代码为 ISBN，其媒体形态为软磁盘、只读光盘、交互式光盘、照片光盘、高密度只读光盘、集成电路卡。以录音带、录像带、唱片、激光唱盘和激光视盘等媒体形态传播的音像制品（标识代码为 ISRC）不属于电子出版物。简单地说，电子出版物就是多媒体的一种表现形式。

国家新闻出版署颁布的《电子出版物管理规定》称："电子出版物是指以数字代码方式将图文声像等信息编辑加工后存储在磁、光、电介质上，通过计算机或者具有类似功能的设备读取使用，用以表达思想、普及知识和积累文化，并可复制发行的大众传播媒体。媒体形态包括软磁盘（FD）、只读光盘（CD-ROM）、交互式光盘（CD-I）、照片光盘（Photo-CD）、高密度只读光盘（DVD-ROM）、集成电路卡（IC Card）和新闻出版署认定的其他媒体形态。"

美国出版界广泛使用的《芝加哥文字规范手册》在1993年第14版第一次把 E-lectronic publication（电子出版物）的缩写形式 E-publication 作为一个单词收入该书的《专业词汇表》。电子出版物可以装置在通过个人计算机或工作站就地存取的软盘、只读光盘等电子媒介上，也可以装置在用调制解调器或通过网络存取的工作站和主机上，它是主要采用电子形式出版并通过计算机存取的作品。

《辞海》对电子出版物的释义为："需要通过电子计算机或其他专门设备才能阅读的出版物。"《术语工作：辞书编纂基本术语》对"网络词典"的释义为："利用网络技术可供在线调用的电子词典"，可见我国国家标准也把网络词典看作是电子词典的一种。照此类推，网络出版物也是电子出版物的一种。

电子出版物是一种以数字化物体形式传播、以电子方式存取的作品。这些作品既可以包含文字、数字化图像、动画和算式，也可以使用超文本技术。上述电子出版物定义的核心内容可概括为"数字化形式的作品"。

电子出版物与传统纸张出版物相比，具有不同的特性，如信息量大、可靠性高、承载信息丰富，具有较强的交互性，制作和阅读过程需要相应软件的支持。

（三）什么是连续出版物

连续出版物是指具有统一题名，印有编号或年、月顺序号，定期或不定期在无限期内连续出版、发行的出版物，包括期刊、报纸、年鉴、年刊、指南、学会报告丛刊和会刊、连续出版的专著丛书和会议录等，但不包括在一个预定有限期内以连续分册形式出版的著作。连续出版物的各期封面或刊头设计有相对稳定性。各期由多篇文献汇集而成，内容具有原始性和新颖性，学术性较强，而且编辑单位较固定，保证其能连续出版。连续出版物报道及时，出版连贯，数量庞大，成为现代文献的一种主要类型。

"连续出版物"是对英语"Serials"一词的意译，是文献专业外来词语。

长期以来,"Serials"一词被解释为"期刊"或"广义的期刊",在图书情报界也往往笼统地以"期刊"或"期刊类"代之。20 世纪 80 年代以来,"连续出版物"这一概念逐渐为文献情报专业人士认同,成为国家标准界定的专门术语。

国际图联制定的《国际标准书目著录》将连续出版物定义为:"印刷或非印刷形式的出版物,已连续分册形式发行,常印有数码或年、月标识,并且计划无限期连续发行。连续出版物包括期刊、报纸、年刊(年鉴、指南等)、报告丛刊及学会会刊丛刊、会议录丛刊和专著丛刊。"

《英美编目规则(第二版)》将连续出版物定义为:"一种出版物以任何载体连续分成部分出版,载有编号或年、月标识,并意图无限期地连续出版下去。连续出版物包括期刊、报纸、年度出版物(报告、年鉴等)、学会会刊、备忘录、会议录、汇编等,以及有编号的专著丛书。"

中国国家标准《文献著录总则》将连续出版物定义为:"印刷或非印刷形式的出版物,具有统一的题名,定期或不定期以连续分册形式出版,有卷、期或年、月标识,并且计划无限期地连续出版。连续出版物包括期刊、报纸、年度出版物(年鉴、指南等)以及成系列的报告、学会会刊、会议录和专著丛书。"

《中国大百科全书》将连续出版物定义为:"有卷、期或年、月标识,有统一的题名,定期或不定期地连续出版并计划无限期连续出版的印刷或非印刷形式的出版物。通常包括期刊、报纸、年刊(年鉴、指南等)、成系列的报告、学术会刊、会议录和专著丛书等。连续出版物因资料新、出版迅速、信息量大等优点,已成为现代社会政治、经济、工商、文化、科研、军事等领域报道最新成就、发展状况及其他各方面信息的主要媒介。"

"连续出版物"一词出现后,成为包括期刊、报纸等在内的,以连续形式出版的文献的总称。"连续出版物"已成为标准化文献工作的专业词汇。对于文献工作、图书情报工作和信息服务工作来说,连续出版物的定义有助于我们对不同类型文献进行划分,减少工作上的混乱,同时有利于我们对连续出版物的管理和利用。

二、连续出版物的特征

(一)出版的连续性

出版的连续性是连续出版物的一个基本属性。一般来讲,连续出版物是计划无限期地出版下去的。尽管有时由于种种原因,连续出版物也会出现终止出版的情况，但从整体上都能保持其连续性。连续出版物由相互分离的单册组成一个整体，除正常刊行的各期外，还出版增刊、补编、特刊等。但不管出版形式是怎样的，连续出版物都必须保持其相对的连续性。

（二）形式的稳定性

连续出版物的稳定性表现在三个方面。

①连续出版物具有相对稳定的题名和主办者。只有在特殊情况下，出版物的题名才会发生变化，而且连续出版物主办者变化的情况极为少见。

②相对稳定的内容和主题。一般情况下，连续出版物的内容、主题都是一致的，围绕某一主题或某一学科进行组稿。

③具有统一的外观设计、统一的版式及有规律的连续编号。

（三）内容的新颖性

连续出版物的每一期，都刊载由不同作者撰写的论文或其他文章。这些学术论文往往是作者的最新科研成果，反映着科学技术水平发展的最新进展。其他文章或资料也给我们提供了社会各领域的最新信息。连续出版物一般没有版次的变更，不对已发行的期册做内容的修订。

（四）出版周期的规律性

连续出版物在出版周期上表现出明显的规律性。定期出版的连续出版物总是按计划的日、月间隔分册出版，即使有所变化，也要在计划出版年限内保持相对稳定。不定期出版的连续出版物，一般每年至少要出版一期。

第三节 期刊文献

一、期刊文献概述

（一）期刊的概念

期刊，也称"杂志"，是指有固定名称、每期版式基本相同、定期或不定期的连续出版物。其内容一般是围绕某主题、某学科或某研究对象，由多位作者的多篇文章编辑而成，按卷、期或年、月顺序编号出版。

期刊由依法设立的期刊出版单位出版。期刊出版单位出版期刊，必须经国家新闻出版署批准，持有国内统一连续出版物号，领取《期刊出版许可证》。

正规期刊除了必须具有国际标准刊号，还必须具有国内批准的发行刊号才是合法期刊。国内期刊应有国内统一的 CN 号、国际标准 ISSN 号，通过邮局发行的期刊还应有邮发代号。

（二）期刊的起源与发展

图书的产生可追溯到 2000 多年前，期刊却只有 300 多年的历史。但是，无论从数量、内容还是形式上，期刊的发展速度都是很快的。

1. 西方期刊的起源

西方期刊孕育于中世纪的资料抄写和通信业。经通信业者搜集和抄写，向预约者出售的资料被称为"手抄新闻"，首先出现在当时被称为西欧最大的商业都会的威尼斯。同期出现的"印刷新闻"是利用古腾堡活字印刷术印成的专门记录单独新闻的纸片或小册子。16 世纪时，人们对科学实验成果的记录和交流，或对某一学术课题的切磋和探讨，通常借助于信函。通信人为了扩大交流的范围，常将信函予以复写或刻印，这便是西方期刊的另一雏形——信函复制件。

西方期刊正式出现于 17 世纪中叶，是科学技术发展的产物。受文艺复兴运动的启蒙，科学技术开始摆脱桎梏，取得较大地发展，探索科学的人越来越多，科学团体纷纷出现。学会会员或科学家之间通常通过书信交往，所能交流和传播的范围极其狭窄有限，而且难以解决科研成果的优先发明权问题。这种方式到 17 世纪初已不能满足近代科学发展的需要，科学家们迫切需要一种更为有效的工具来扩大自己的影响。

1665 年 1 月 5 日，法国戴·萨罗在巴黎创办了世界上第一种期刊——《学者杂志》。这本期刊当时创办的目的是"满足好奇心和不用花费多大气力就能学到东西"。期刊的内容既有欧洲出版业的消息，也有物理、化学知识和不寻常的发明等。真正用于学术交流的第一本科技期刊，则是英国皇家学会亨利·奥尔登伯格等人于 1665 年 3 月 6 日创办的《理学汇刊》，该刊是用来记录学会成员所做的实验、发表与欧洲同行之间通信讨论的内容的。该刊后来改名为《伦敦皇家学会哲学汇刊》，并继续出版。

2. 西方期刊的发展

《学者杂志》和《理学汇刊》的相继出版，在西方科学界引起极大的反响，许多学术团体竞相出版各种科技期刊。到 18 世纪中叶，出版的科技期刊有 300 余种。

18 世纪中叶以后，期刊已成为科学家进行学术交流和讨论的园地。随着科学本身分化为许多专业性的学科和新兴学科,各种学术团体纷纷出版适合各自专业需要的期刊,从而使早期的综合期刊逐渐向专业性期刊发展。世界上最早的专业性期刊是1778年德国出版的《化学杂志》。从此,科技期刊进入了专业化发展时期。不仅如此,一些综合性期刊开始分辑出版多种专业性期刊,如英国的《理学汇刊》自1887年开始分为A、B两辑出版。从18世纪后期到19世纪中期,专业期刊已遍及各个学科领域,成为科学家进行学术交流的重要媒介。这一时期还出现了述评、文摘等类型的期刊。据统计,1850年世界上的科技期刊已达1000种。

进入20世纪,随着科学技术的飞跃发展,科技期刊数量激增。据英国《世界科学期刊目录》统计,1921年有科技期刊24028种,到1960年增加到59961种。40年间的增长数量大大超过科技期刊自出现以来前235年增长之总和。据1997年出版的《乌利希国际期刊指南》第35版统计,全世界正式出版的期刊总量超过25万种。

3. 我国期刊的起源

中国期刊的发展源远流长,孕育于汉唐时期封建王朝的记事性文书邸报。邸报是发布皇帝谕旨诏书、朝廷法令等内容的官方文书,一方面发挥着传播消息的新闻媒介作用,另一方面又蕴含着"连续出版物"的特征。

中国最早的医学期刊创刊于当时文化发达、医家荟萃的苏州。1792年,唐大烈编撰医学刊物《吴医汇讲》,该刊不分学派,广征诸家文稿,博采精选,分卷号刊印,刊载稿件强调先到先载,不以刊载先后论优劣,在编者与读者之间开展学术讨论,促进了各学派的交流。该刊共出版11卷,先后由40余位医家供稿,包括专题讨论、医学常识、经验交流和考据、随笔等方面的文章,甚至还有编者对读者提出的问题的解答,内容相当丰富。可见,期刊是科学文化发展的产物,推动着科学文化事业的发展。

4. 我国期刊的发展

我国近代期刊的出现较欧洲晚一个半世纪。第一份中文期刊是1815年英国人马礼逊、米连在马六甲创办的《察世俗每月统计传》。第一份在中国创办的中文期刊是在广州出版的,由麦都思、郭士立主编的《东西洋考每月统计传》。

初创期的近代中文期刊均由西方传教士创办,外国人办期刊的局面从19世纪20年代延续至19世纪90年代,据统计,1860年外国人在华出版的期刊有32种,1890年有76种,19世纪90年代末达200种之多,占当时我国期刊出版总数的80%以上。

1895年康有为等人在北京创办《中外纪闻》，这是国人出版的最早的政治性期刊。1900年4月由国人创办的科学期刊《亚泉杂志》诞生。1901年我国最早的教育期刊《教育世界》在上海创刊。1903年我国最早的科普性期刊《科学世界》在上海问世。

新中国成立后，期刊得到社会广泛地重视。到1959年，全国发行报纸463种，期刊851种，其中自然科学类从1952年的87种增至356种。1978年全国科学大会召开以后，期刊得到了迅速发展。

（三）期刊的一般特点

1. 传递文献信息及时

在所有文献中，期刊传递、报道信息的速度比大多数其他类型的出版物快。期刊的出版速度快、周期短，而且在刊载内容上能及时报道科研新成果、学术新动态。据统计，我国科技学术会议的论文在会后有70%左右刊登在期刊上；社会科学学术会议的论文，在会后有50%～60%刊登在期刊上。期刊文献已成为广大用户及时获取学术信息和情报的重要文献情报源。另据美国"世界会议情报中心"统计，每年召开的世界性科技会议上发布的论文，至少有50%发表在期刊上。为了及时报道学术会议文献，国内外许多期刊除了分散刊登单篇会议论文外，还会汇辑多篇会议论文以特刊、附刊的形式成册出版。期刊发表会议文献，一般比会议录要快。因此，期刊已成为报道最新情报的手段之一。

2. 学科面广、内容丰富

期刊不但品种多、数量多，而且学科多、内容全。随着科学技术的发展，专业期刊陆续增多，学科范围广泛，涉及内容非常丰富，从社会科学到自然科学，从基础理论到应用技术，人类知识的各个领域都有其所属专业期刊。期刊具有较强的容纳能力，报道的内容比较详细，已成为很受广大用户欢迎的出版物。

3. 出版量大、利用率高

随着科学技术的飞速发展，科学技术成果的大量涌现，期刊作为科技成果最主要的载体，出版的种类和数量急剧增长。据统计，全世界出版的期刊由20世纪60年代的2万多种到20世纪90年代初的20多万种，30年间数量增长了9倍。每年期刊上发表的原始论文占总文献量的50%以上。美国曾对数以万计的情报需求者进行调查，结果显示其情报需求的68%来源于期刊论文。在各类文献中，期刊的利用率最高。鉴于期刊的使用价值较高，许多科学家愿意将自己的研究成果发表在期刊上。同时，科学家亦可通过期刊及时了解当代科学技术发展的状况，获得对自己工作有益的启示。

4. 连续性强

期刊是较长期或无限期出版下去的一种连续性出版物。不少期刊历史悠久，如英国皇家学会的汇刊《理学汇刊》已有300多年的历史。特别是一些学术性或专业性期刊，其发表的文献内容具有很强的连续性，能够历史、系统地反映某一学科或某一研究对象的发展过程，起到辨章学术、考镜源流的作用。

5. 重复、交叉、分散

由于期刊品种多、数量多，因此所载文献与其他类型的文献时有重复、交叉。一篇论文用多种形式、多种文字发表以及翻译期刊的大量出现，都使文献出现了严重的重复交叉情况。期刊报道文献的分散表现在某专业论文分散刊登在不同学科的期刊上，致使专业期刊所刊文献涉及多种学科领域。期刊与其他类型的出版物（如图书、会议文献和科技报告等）关系密切，所以其他文献亦常在期刊上重复发表（如会议文献）。据调查，约有50%的会议文献先在期刊上发表，而后再单独出版会议录专集。

6. 知识新颖、出版周期短

连续出版物中的期刊发表文章快、含量大且都是最新的研究成果。其出版周期短，能及时反映新理论、新技术、新方法、新动向，迅速传递最新的知识情报信息，是最主要的文献情报来源之一。

（四）期刊的分类方法

从广义上来讲，期刊可以分为非正式期刊和正式期刊两种。非正式期刊是指通过行政部门审核领取"内部资料性出版物准印证"，作为行业内部交流的期刊（一般只限行业内交流不公开发行）。正式期刊是由国家新闻出版署审批，并分配"国内统一刊号"，办刊申请比较严格，要有一定的办刊实力，正式期刊有独立的办刊方针。

"国内统一刊号"是"国内统一连续出版物号"的简称，即"CN号"，是新闻出版行政部门分配给连续出版物的代号。"国际刊号"是"国际标准连续出版物号"的简称，即"ISSN号"，我国大部分期刊都配有"ISSN号"。

期刊一般从以下三个角度进行分类。

1. 按学科分类

《中国图书馆图书分类法：期刊分类表》将期刊分为五个基本部类：①马列主义、毛泽东思想；②哲学；③社会科学；④自然科学；⑤综合性刊物。

在基本部类中又分为若干大类，如社会科学分为社会科学总论、政治、军事、经济、文化、科学、教育、体育、语言、文字、文学、艺术、历史、地理等。

2. 按内容分类

《中国大百科全书·新闻出版》将期刊分为四大类。

（1）一般期刊

一般期刊强调知识性与趣味性，用户面广，如我国的《人民画报》《大众电影》，美国的《时代》《读者文摘》等。

（2）学术期刊

学术期刊主要刊载学术论文、研究报告、评论等文章，以专业工作者为主要服务对象。

（3）行业期刊

行业期刊主要报道各行各业的产品、市场行情、经营管理进展与动态，如中国的《摩托车信息》《家具》，日本的《办公室设备与产品》等。

（4）检索期刊

如我国的《全国报刊索引》《全国新书目》，美国的《化学文摘》等。

3. 按学术地位分类

期刊可分为核心期刊和非核心期刊两大类。

（五）期刊的发展现状

1. 缺乏有效的市场

期刊的发展状况密切关系着一个国家的市场经济发展状况。一方面，我国的市场经济还不够成熟，期刊市场秩序还有待完善。期刊市场存在着一些问题，导致其不能有效发挥市场机制的作用。另一方面，尽管我国的期刊总量很大，但是办得好的不太多。许多党政部门、事业单位、企业等都有自己的期刊，但是办刊专业人员缺乏，财政支持力度不大。

2. 缺乏对自身的定位

俗话说："知己知彼，百战不殆"。要做一份成功的期刊，我们就要先了解自己，对期刊有个准确的定位。很多期刊没有明确的编辑方针，缺乏办刊理念，也不清楚哪些是自己的读者群，甚至对自身的优势和劣势也没有一个清楚的认识，只是盲目地办刊。事实上，办好一份杂志，需要有好的文章、吸引人的图片，更要有合适的编排，杂志社缺乏对自身的认识，自然就不清楚什么样的文章、图片适合自己，什么样的排版符合读者的要求。如果连杂志的卖点和亮点都不清楚，何谈杂志的发展。

3. 缺乏对读者的研究

知己之后还要知彼，期刊面对的是读者，自己的杂志办给谁看，什么人喜欢看，这些都需要研究。比如，杂志的封面不是光放一个漂亮的图就够了，得配套合适的封面故事、醒目的标题，让人有眼前一亮的感觉。现代人的生活节奏那么快，要让读者在最短的时间内决定购买这份杂志，封面起很重要的作用。摸透读者的心理，了解他们的消费习惯，培养固定的目标读者群，杂志才能够发展。

一些发达国家和地区的期刊发展得好，首先是因为他们有成熟的期刊出版市场。其次，他们的期刊针对性强、定位准，有很强的服务意识，强调服务于对象。这些都是值得我们借鉴和学习的地方。但是我国有自己的国情，有自己的文化底蕴，我们可以学习国外先进的办刊经验，但是不能盲目照搬，在国外受欢迎的内容不一定在中国也畅销，我们应该根据自己的市场特点来办好自己的刊物。

我国的期刊产业还处于发展的初级阶段，有很大的发展空间。我国的市场很大，还有很多潜在的读者群可供开发。不能只看发行量，期刊的质量才是更重要的。想办法提高期刊的有效阅读率，比单纯提高发行量更有意义。

二、期刊的识别

（一）国内正规期刊的特征

1. 国际级期刊

世界公开发行的国际级期刊要在国内合法发行，除了必须具有国际标准刊号外，还必须具有国内批准的发行刊号。国际级期刊要进入国内合法发行，必须经过国家新闻出版署备案批准或特许，并由国务院批准的中国图书进出口总公司等具备发行国际级期刊的单位在国内发行，颁发期刊发行刊号且可以进行编目查询。

有些没有被批准在国内发行的非法期刊（甚至只是利用境外机构购买了一个国际刊号 ISSN），为了欺骗国内投稿者，就自己乱编一个国内根本不存在的 CN 号来非法出版骗取钱财。因此,我们了解正确辨别非法期刊的基本特征的知识非常重要。

2. 国家级期刊

国家级期刊有国内统一的 CN 号、国际标准 ISSN 号,通过邮局发行的还应有邮发代号。国内统一连续出版物号由中国国名代码"CN"、报刊登记号"xx-yyyy"和分类号"z"组成。其中"xx"为期刊出版单位所在地区代号,"yyyy"为出版管理部门分配的序号,分类号则是用以说明期刊所属的主要学科范畴,如"CN35-1169/C"。国际标准连续出版物号由以"ISSN"为前缀的 8 位数字(两段 4 位数字,中间以一个连字符"-"相接)组成,如"ISSN1234-5678"。

3. 内部交流期刊

内部交流用的连续性内部资料性出版物应标明"准印证号",只能用于免费交流,不得公开发行,不得标明定价。

(二)正确识别国内正规期刊的方法

1. 国内合法期刊与非法期刊

(1)正式期刊

正式期刊由国家新闻出版署审批,并分配"国内统一刊号"。办刊申请比较严格,刊社要有一定的办刊实力,主编与副主编必须由具有高级专业技术职务的人员担任,对编辑人员的素质名额都有一定的要求,正式期刊要有独立的办刊方针。

(2)非正式期刊

非正式期刊是指通过行政部门审核领取"内部资料性出版物准印证",作为行业内部交流的期刊,也是合法期刊的一种。

(3)非法期刊

非法期刊指没有通过国家新闻出版署批准,也没有注册为"内部刊物"的非法出版物。非法期刊以盈利为首要目的,收取高额的版面费,在技术上和政治上不负责任,不能在国内公开发行或内部发行。

2. 国内期刊刊号问题

凡通过国家新闻出版署审批的正式期刊均有"国内统一刊号",正式期刊的刊号由国际标准刊号和国内统一刊号两部分组成(境外期刊在国内合法发行须经国家新闻出版署备案并由中国图书进出口总公司等批准颁发书刊编号),"CN"是中国国名代码,缺少"国内统一刊号(或国内批准的书刊编号)"或"内部资料性出版物准印证",都可认为是我国国内的非法期刊,国家不认可,也不准在我国国内发行的。

3. 识别国内公开发行的正式期刊的方法

国内公开发行的期刊有国内统一刊号,刊号结构式为:CN 报刊登记号/分类号。只有 ISSN 国际刊号而无国内统一刊号的期刊,不允许在国内公开发行。非法期刊只有国际标准刊号或乱造的国内 CN 刊号,没有"内部资料性出版物准印证"。

在世界公开发行的有一定影响力的国际级期刊上发表论文,有助于作者提高自己的国际知名度和影响力,在非法期刊上发表的论文不被相关机构承认,对职称评定没有帮助。国内新闻出版部门应对这类非法期刊进行严肃查处,警告大家不要上当受骗,要学会识别非法期刊。

4. 鉴别期刊真伪的四大方法

(1)查询刊号真伪

登录国家新闻出版署官方网站查证其刊号是否已登记,查询方法为:登录中华人民共和国新闻出版署官方网站,主页下方有从业机构和产品查询栏,输入要查询的期刊刊名,点搜索即可。如是正规期刊则可以显示其国内统一刊号,无法显示国内统一刊号者则为非法出版物。

(2)邮发代号

查询该刊物是否有邮发代号,正规期刊可以通过邮局按邮发代号订阅。非法期刊一般不在邮局发行,也没有邮发代号。邮发代号的格式为××(1 或 2 位数字)-×××(1～3 位数字)。

(3)区分增刊、专刊与期刊正刊的差别

从刊名可以判断,正刊的刊名只有一个,并且这个刊名按"查询刊号真伪"的方法可以查询其国内统一刊号。增刊、专刊是个别刊社为了提高自身经济效益而出的增刊或专刊增加出版的非常规期卷的刊物。

(4)根据相关单位最新公布的期刊信息进行查询

如我们可以根据医学类非法期刊公示、医学核心期刊目录、国家级医学期刊目录等查询识别真伪。

(三)期刊的分级

据统计,2019 年我国期刊的种类已经超过了 10000 种,这些期刊在学科、主办单位、主管部门、质量、服务等方面千差万别。尽管国家行政管理部门声明从未从行政角度对期刊进行过级别划分,但期刊有级别的观念早已深入人心。20世纪70年代,核心期刊理论开始传入我国,到20世纪90年代,核心期刊已为学界所熟知。与此同时,各种与期刊评价有关的大型数据库开始建立,由此产生多种期刊排行榜,很多高校科研机构以此确定适合本校需要的核心期刊,政府有关职能部门也组织了各种期刊评比活动。

上述各种期刊排行榜和各种期刊奖励,实质上也是给期刊分级。由此可见,期刊分级的观念早已深入人心(如英国的《自然》和美国的《科学》就是全世界公认的一流水准的学术期刊),而期刊分级的研究与实践更是越来越丰富,越来越多样化。按照这种分级方法,期刊被分为国家级、省部级、地市级,由代表国家科研水平的科研院所、高等学校、国家一级学会主办的学术期刊一般被认为是国家级期刊,省部级、地市级依此类推。

(四)学术期刊的级别认定方法

确定学术期刊分级的依据是做好学术期刊分级工作的基础。学术期刊的分级应主要从学术期刊自身的主客观条件两方面来考察,具体有以下几个方面。

1. 学术期刊的地位

学术期刊主办单位在国内外的学术地位,很大程度上决定其主办的学术期刊的水平和档次。因为学术期刊主要是反映其所属会员、研究人员科研成果的刊物。主办单位学术水平的高低是由其所属成员的平均学术水平决定的,其主办的学术期刊的学术水平与主办单位所属研究人员的学术水平有直接关系。学术期刊在吸收本单位论文为主的情况之下,可以适当吸收一些外稿,外稿的比重不能太大,这样对学术期刊的质量影响不会很大,学术期刊质量主要取决于主办单位自身的学术水平,并以质量来确定自己的学术地位。例如,中国社会科学院聚集了一大批国内、国际一流专家、学者,因此它在国内社会科学的大部分领域的研究深度和广度均居一流水平。中国社会科学院院刊——《中国社会科学》主要反映主办单位内部学者的学术水平,具备成为一流刊物的条件。中国社会科学院所属各主要研究所的研究人员大都是科学研究的一流人才,他们所主办的专业学术期刊也代表着国家相关领域的较高水平,例如,《经济研究》《哲学研究》等。还有中国教育科学研究院、中国新闻出版科学研究院等国家级专业研究机构主办的《教育研究》《出版发行研究》以及国内一流重点高校所主办的学报等,均是代表国家在这些领域里科研水平的核心学术期刊。

2. 学术期刊的效益

学术期刊社会效益和经济效益的高低，也是确立学术期刊学术水平和级别的客观依据。学术期刊办得好与坏的主要标志，在于这两个效益的高低。但是，这里的经济效益绝非期刊本身的创收能力，而是科学、文化、技术通过期刊这座桥梁，转化为生产力的价值。所以说，这里的经济效益是指社会的、宏观的经济效益，也就是通常所说的学术期刊为国家经济建设、物质文明建设服务。一般说来，经济效益的高低主要是用来考察应用技术和管理技术学术期刊的，因为它们与社会生产力的关系更为紧密、直接，这也是应用科学的特点决定的。同时，我们对这类学术期刊的考察也不能忽视社会效益，因为宏观的社会经济效益从某种意义上说等同于社会效益。学术期刊发表、推广了一项新技术成果，这项成果虽然给某系统的产业部门或企业带来了经济效益，但如果是以更大程度的生态破坏为代价，这种代价及其治理所花费的经济支出超出了获得的经济效益，那么从宏观上说就是没有社会效益，甚至有负效益。所以说，社会效益也是衡量这类学术期刊的一项指标。社会科学和基础自然科学学术期刊主要通过其社会效益来体现价值。先进的社会科学理论能够为国家的长治久安提供参考，为社会文化、道德的进步提供食粮，为社会生产方式的合理、高效运行提供依据和方案。自然科学基础研究的成果能为应用科学的进步提供理论基础，促进社会的进步和生产力的发展。反映和登载社会科学和基础自然科学学术成果的多少，也是考察这类学术期刊的一项重要标准。考察社会科学和基础自然科学学术期刊，最直接、最有效的方式就是看其二次文献转载率的高低。从一定意义上说，这类学术期刊的效益往往是潜在的、滞后的，对其二次文献转载率高低的考察可以弥补考察标准上的不足。

3. 培养人才的情况

有水平、具有权威性的学术期刊常常被人们赞为"良师益友"，培养人才是学术期刊的重要职能，这一职能发挥得如何也是考察期刊质量的依据。学术期刊培养人才的职能可以从读者、编者和作者三个方面来认识。从读者角度看，学术水平高的期刊，读者从中受益的机会更多，因为科学工作者知识的补充和更新很大程度上是通过阅读学术期刊实现的。直观地看，高水平的学术期刊登载的论文被学者在研究中应用、引用得更多（即"影响因子"多）。从编者方面看，学术期刊拥有自己的编辑队伍，这支队伍学术水平的高低、编辑能力的强弱，很大程度上决定着编辑部工作效率的高低。一个有凝聚力、有活力的编辑部一定能培养出自己的人才队伍。河南大学学报编辑部在这方面做出了表率，不但使自身编辑队伍的素质得到很大提高，报道众多的科研成果，还为全国培养了数以百计的编辑学高层次人才。从作者角度来看，学术期刊编辑部不应仅是文字加工厂，还应积极参与学术研究，培养自己的科学研究队伍。这支队伍壮大与否、水平提高与否取决于编辑部的培养，培养人才的情况也是考察学术期刊的一项指标。总之，培养人才情况的好坏是确定学术期刊级别的一项指标。

4. 学术期刊的发行

学术期刊发行数量的多少，也是确定学术期刊级别的一项指标。这里所说的数量，既包括国内的发行量，也包括国外的发行量。一般说来，除了涉及特别冷门学科的专业学术期刊之外，期刊在人们心目中的地位往往能通过订数的多少体现出来，特别是同类型的学术期刊，这种比较更能说明问题。一个无人问津的学术期刊，很难说它有多高的学术价值。

另外，学术期刊与"消费类"期刊不能简单地通过订数进行比较。《北京大学学报》订数也仅有上千份，学术期刊尤其是大学学报，在经济上主要由国家补贴。需要指出的是，学术期刊的占有方式与通俗期刊的占有方式是不相同的，通俗期刊主要是订阅，而学术期刊尤其是学报，主要是借阅，即用户通过文献索引检索出所需资料的期刊，然后到图书馆或资料室借阅。还有一种情况是借阅学报的二次文献、三次文献。这就是说，学术期刊的订数远远小于其读者人数，用订数来评定它的效益是不全面的。

5. 学术期刊的形式

学术期刊的装帧、编排、校对、印刷等，是学术期刊的外在表现形式。一般说来，好的内容要有好的形式来体现，好的形式能更好地将内容表达出来，对内容有较大的促进作用。期刊形式的完美程度体现了期刊编辑部的文化素养、业务水平和能力。因此，这也应成为学术期刊级别评定的考察标准。

6. 学术期刊的历史

学术期刊创办历史的长短也是确定其级别的一项标准。一般说来，创刊早、办刊历史久的学术期刊，在国内外理论界的影响较大，作者队伍、编辑队伍水平较高，这样的刊物一般都已形成了自己的特色，如我国的《求是》杂志、英国存在已达150年之久的《经济学家》周刊等。

第四节 特种文献

一、标准文献

标准文献是指由专门委员会制定，经过公认权威机构或国家行政主管部门批准的具有法定约束力的规范化文献，包括各种级别的标准、部门规范和技术规程等。我国的标准化基本术语第一部分对标准定义为："标准是对重复性事物和概念所做的统一规定，是以科学、技术和实践经验的综合成果为基础，经有关方面协商一致，由主管机构批准，以特定形式发布，需要所有人共同遵守的准则和依据。"国际标准化组织将标准定义为："标准是经公认的权威当局批准的标准化工作的成果。"尽管我国对标准的定义与国际标准化组织的定义在形式上有所不同，但在标准化的对象、目的、范畴和特点等方面是基本一致的。

古埃及纸草文献就有记载关于医药处方计量方法的标准，那是现存最早的标准。现代标准文献产生于20世纪初。1901年英国成立了第一个全国性标准化机构，同年世界上第一批国家标准问世。此后，美、法、德、日等国相继建立全国性标准化机构，制定各自的标准。我国于1957年成立国家标准局，次年颁布第一批共120个国家标准。1978年9月，我国加入国际标准化组织，1989年4月1日开始实施《中华人民共和国标准化法》，国务院于1990年颁布了《中华人民共和国标准化实施条例》，国家市场监督管理总局先后发布了一批标准化相配套的规章。到现在已有100多个国家和地区成立了全国性标准化组织。国际标准化机构中最重要、影响最大的是1947年成立的国际标准化组织（ISO）和1906年成立的国际电工委员会（IEC），它们制定或批准的标准具有广泛的国际影响。

标准文献是技术标准、规格和规则等文献的总称，其主体部分是技术标准。标准文献是记录与传播标准信息的载体，它通常能反映一个国家的经济政策、生产水平、科学技术等。通过标准文献，我们可以了解国家的经济政策、生产水平、资源情况和标准化水平。因此，标准文献是现代化生产中不可缺少的文献资料，它不仅是生产建设工作的重要依据，同时也是国际贸易合作、商品质量检验的重要依据。

（一）标准的类型及标识

标准可从适用范围、研究对象、性质和内容、实施的约束力等方面划分为多种类型。

按照标准的性质、内容可划分为三类。

①基本标准：是指在一定的范围内作为其他标准的基础并普遍使用，具有广泛指导意义或作为统一依据的最基本的标准。按性质和作用的不同，基础标准可分为定义、命名、符号、标志、计量单位、参数、结构要素等标准。此类标准的有效时间较长。

②产品标准：是指对产品的外形、尺寸、性能、检验、维修、包装、运输、贮存等方面制定的各项标准。产品标准按其适用范围，分别由国家、部门和企业制定，在一定时期和一定范围内具有法律约束力，是产品生产、质量检验、选购验收、使用维修和洽谈贸易的技术依据。

③方法标准：包括两类，一类是为一些通用的试验方法、检验方法、分析方法、抽样方法等制定的标准。另一类是为合理生产优质产品，并在生产、作业、试验、业务处理等方面提高效率而制定的标准。

按照标准的适用范围划分为五个级别。

①国际标准：是指国际标准化组织和国际电工委员会所制定的国际范围内统一使用的标准，以及公认的具有国际先进水平的其他国际组织制定的某些标准。如国际标准化组织标准、国际电工委员会标准、联合国粮农组织标准等。

②区域标准：也称地区标准，是指由某一地区若干个国家的全国性标准机构共同颁布的标准。如欧盟标准、泛美标准委员会标准等。

③国家标准：是由各个国家的全国性标准机构颁布的标准。如中国国家标准，美国国家标准等。

④行业标准：是指对没有国家标准而又需要在全国某个范围内统一技术要求所制定的标准。行业标准是对国家标准的补充，是专业性、技术性较强的标准，是各行业的全国性标准。行业标准的制定不得与国家标准相抵触，国家标准公布实施后，相应的行业标准即废止。如我国的船舶标准、机床标准、农业标准等。

⑤企业标准：是由某一企业制定的、适于企业各部门使用的标准。

按照标准的约束力可分为两种。

①强制性标准：国家通过法律的形式明确要求对一些标准所规定的技术内容必须执行，不允许以任何理由或方式违反、变更，包括强制性的国家、行业和地方标准。如药品标准、食品标准。

②推荐性标准：指强制标准以外的标准。国家允许使用单位结合自己的实际情况加以选用。

一个完整的标准一般包括以下各项标识：①标准级别。②分类号。如《国际标准分类法》（ICS）分类号和各国自编的标准文献分类法分类号。我国采用的是《中国标准文献分类法》（CCS），1997年开始标注ICS分类号。③标准号。它一般由标准代号、序号、年代号和分类号组成。④标准名称。⑤标准提出单位。⑥审批单位。⑦批准年月。⑧实施日期。⑨具体内容项目。

（二）标准的标龄

标准的有效期是自标准实施之日起至标准复审重新确认、修订或废止的时间，又称为标龄。由于各国情况不同，标准有效期也不同。各国的标准化机构都严格规定了标准的使用周期和复审周期。如国际标准化组织标准每5年复审一次，平均标龄为4.92年。我国在《国家标准管理办法》中规定国家标准实施5年要进行复审，即国家标准有效期一般为5年。

（三）标准文献的分类

标准文献的分类主要采用《中国标准文献分类法》《国际标准分类法》《国际十进分类法》等分类系统。《中国标准文献分类法》由国家标准局编制，是国内用于标准文献管理的工具书。该分类法由24个一级大类目组成，用拉丁字母表示，每个一级类目下分100个二级类目，二级类目用两位数字表示。

《国际标准分类法》用于国际、地区、国家以及其他标准文献的分类。国际标准化组织1994年以前使用《国际十进分类法》分类，1994年以后改用《国际标准分类法》分类。我国1995年底发布的国家标准也改用《国际标准分类法》分类。

（四）标准文献的特点和作用

1. 标准文献的特点

①标准文献按一定的程序制定、审批，其技术成熟度高、约束性强。它是以科学、技术和实践经验的综合成果为基础，经相关方面协商一致，由主管机构批准，以特定形式颁布的标准。

②标准文献在编排格式、叙述方式上要求严格，因此在运用范围上明确专一。标准文献有自己独特的体系，它结构严谨、编号统一、格式一致，其中标准号是标准文献区别于其他文献的重要特征。

③标准文献的内容对相关方面具有约束性，在一定条件下具备法律效力。

标准文献分为强制性标准文献和非强制性标准文献，标准文献在产品生产、工程建设、组织管理中，作为国家和行业共同遵守的准则和依据，具有很强的约束力。

④标准文献时效性较强，需要随着技术发展而不断修订、补充、替换和废除。

⑤标准文献数量多，因此具有自身的检索系统。

⑥标准文献是了解世界各国工业发展情况的重要科技情报源之一。一个国家的标准反映着该国的经济技术政策与生产水平。科研人员研制新产品，改进老产品，都离不开标准文献。

2. 标准文献的作用

①我们通过标准文献可了解各国经济政策、技术政策、生产水平、资源状况和标准化水平。

②标准文献在科学研究、工程设计、工农业生产、企业管理、技术转让、商品流通等方面，采用标准化的概念、术语、符号、公式、量值、频率等，在很大程度上有助于我们克服技术交流的障碍，帮助人们简化产品设计、缩短生产时间、节省人力，减少不必要的试验、计算，同时保证产品质量，降低产品成本。

③国内外先进的标准可供我们研究推广，帮助我们改进新产品，为提高技术水平提供依据。除此之外，标准文献还是鉴定工程质量、校验产品、控制指标和统一试验方法的技术依据。

④进口设备可按标准文献进行装备、维修，配置某些零件。

⑤标准文献有利于企业或生产机构经营管理活动的统一化、制度化和文明化。

（五）中国标准及检索工具

1. 中国标准化工作

1989年4月1日，《中华人民共和国标准化法》（简称"《标准化法》"）开始实施，最新版本于2017年修订通过。1990年国务院颁布了《中华人民共和国标准化法实施条例》，国家市场监督管理总局又先后发布了一批与《标准化法》相配套的规章，已基本形成以国家标准为主导，行业标准、地方标准和企业标准相配套的标准体系。

2. 中国标准文献检索工具

（1）《中华人民共和国国家标准目录及信息总汇》

《中华人民共和国国家标准目录及信息总汇》由国家标准化管理委员会编制，由中国标准出版社出版，收录全部现行国家标准信息，同时补充被代替、废止的国家标准目录及国家标准修改、更正、勘误通知等相关信息。其内容包括以下几部分：国家标准专业分类目录，被废止的国家标准目录，国家标准修改、更正、勘误通知信息以及索引。国家标准专业分类目录按《中国标准文献分类法》编排。

（2）《中国标准化年鉴》

它由中华人民共和国国家标准化委员会编辑，中国标准出版社出版，1985年创刊，此后每年出版一本。其内容主要是向国内外介绍中国标准化工作的体制、现状、作用和成就，还包括最新国家标准和行业标准目录。

（3）《中国国家标准汇编》

《中国国家标准汇编》(简称"《汇编》")是一部大型综合性国家标准全集，自1983年起，按国家标准顺序号以精装本、平装本两种装帧形式陆续分册汇编出版。《汇编》在一定程度上反映了新中国成立以来标准化事业发展的基本情况和主要成就，是各级标准化管理机构、工矿企事业单位、农林牧副渔系统、科研教学等部门必不可少的工具书。《汇编》收录我国正式发布的全部国家标准。各分册中如有顺序号缺号的，除特殊情况注明外，均为作废标准号或空号。由于《汇编》的出版时间与新国家标准的发布时间已基本同步，出版社每年出版前一年制定的国家标准，便于读者及时使用。

（4）其他中国标准文献检索工具

有《中华人民共和国工农业产品工程建设国家标准和部标准目录》《中国强制性国家标准汇编》等。

3. 中国标准文献网上检索

（1）国家标准化管理委员会

在互联网上登录国家标准化管理委员会网站既可以查看最新国家标准公告、行业标准公告，也可以利用网站内的"全国标准信息公共服务平台"检索工具检索需要的标准。

例如，查找有关"学位论文编写格式"的标准，我们要首先登录国家标准化管理委员会网站，在首页点击全国标准信息公共服务平台后跳出查询窗口，然后在检索入口栏内填写"学位论文编写格式"，最后单击提交，即可获得检索结果。

（2）中国标准服务网

中国标准服务网有着丰富的信息资源，收集了国内外各类标准文献，包括完整的中国国家标准、行业标准、国际和区域性标准化组织、专业协（学）会的成套标准，国内外标准化期刊及标准化专著。它能提供标准、期刊、专著、技术法规、标准内容指标和强制性国标等多种文献的检索服务。

（3）万方数据库

"万方数据"中的中外标准数据库收录自1964年以来发布的国家标准和行业标准，涉及机械制造、电工电子、石油化工、轻工纺织、食品、土木建筑、农业林业、交通运输、航空航天、环境保护等行业。在此数据库高级检索中可选择标准类型，通过标准编号、任意字段、标题、关键词、发布单位、起草单位和标准分类号等检索途径进行检索。一般常用的检索途径是标题检索。

（4）标准网

标准网收录国家标准、行业标准、机械标准、电力标准、安全标准等中外标准，是检索标准信息的专业网站。

（六）国际标准化组织及其检索

①国际标准化组织（ISO）成立于1947年，它是标准化方面的专门国际机构。其主要职能是制定 ISO 国际标准，协调世界范围内的标准化工作。其制定标准的范围包括除电气和电子领域以外的其他学科。ISO 下设611个技术委员会，在每个技术委员会下设置一些分委员会和工作小组。ISO 国际标准均由这些技术委员会、分委员会和工作小组负责制定，其标准制定审批程序十分严密。同时，按照规定，ISO 标准每隔五年就要重新修订审定一次。

②最开始，其标准以推荐标准（ISO/R）形式公布，其编号结构形式为 ISOR + 顺序号 + 年份。1992年以后正式标准公布，其编号结构形式为 ISO + 顺序 + 年份。

③ISO 标准检索工具。检索 ISO 标准的工具主要是《国际标准目录》，该刊由国际标准化组织编辑出版，报道 ISO 各技术委员会制定的标准。该刊为年刊，用英、法文对照形式出版，部分还加俄文对照。该刊每年2月份出版发行，报道上一年的全部现行标准。同时，该刊每年还出版4期补充目录。

(七)国外标准网站

1. 国际电信联盟(ITU)

我们可在这个网站中按建筑与工程、电子、能源、环境、信息技术、电信等主题浏览相关标准目录,并在线订购原文。我们通过这个网站可以及时获得电信相关标准的最新信息。

2. 开放标准网(OS)

该网站目前主要包括 ISO 和国际电工委员会的联合技术委员会发布的信息技术相关标准全文,内容涉及编码字符集、编程语言、操作系统、用户界面等。

3. 世界标准服务网(WSN)

它是国际标准化组织的公共服务门户网,有大量成员机构、国际标准化机构、区域标准化组织的网站链接。中国标准服务网为其中国站点。

4. 全球标准化资料库(NSSN)

它能使用户在线免费查询全球多家标准组织与专业协会制定的标准的目录,提供获取全文的途径,如相关标准组织联系电话或标准化组织的网站。

5. 美国国家标准化组织(ANSI)

它包括可检索的 ANSI、ISO 和 IC 标准数据库,可在线订购全文。

6. 美国国家标准与技术研究院(NIST)

它可以检索并在线订购相关标准。

7. 美国汽车工程师学会(SAE)

它可以免费检索、浏览与汽车工业相关的各类标准目录,提供在线全文订购服务,还为免费注册用户提供 Email 通报服务,及时告知用户新颁布标准信息和已有标准的更新、作废情况。

8. 美国材料与试验协会(ASTM)

我们可以通过这个网站检索、订购美国材料与试验协会的标准。

9. 加拿大标准协会(CSA)

它可以提供标准、在线产品目录、免费时事快报和加拿大相关协会的链接,我们可通过这个网站订购标准全文和其他产品。

二、专利文献

（一）专利的基本知识

1. 专利权

专利权又称"专利"，是国家按专利法授予申请人在一定时间内对其发明创造成果所享有的独占、使用和处分的权利。换句话说，是发明创造的首创者或者其权利受让人所拥有的受法律保护的专有权利。如果从技术发明上来说，专利是取得了专利权的发明创造，指的是具有独占权的专利技术。而人们习惯上称呼的"专利"，是指记载着授予专利权及其权利要求的专利文献。所以，在知识产权中，专利一词包含三层含义，分别是专利权、专利技术和专利文献。

2. 知识产权

知识产权是基于人们的创造性脑力劳动成果而依法产生的权利。它是一种无形财产权。其法律特征包括：一是垄断性，也称知识产权的专有性，主要是指知识产权只能由专人享有，未经权利人许可或法律的特别规定，其他任何人不得行使。二是区域性，也称知识产权的地域性，主要是指由于具体的各项知识产权都是由各国国内法确认的，所以知识产权的法律保护是有一定地域限制的，如果超出确认国法律的管辖范围，知识产权不会受到法律保护。三是期限性，也称知识产权的时间性，主要是指法律对知识产权专有权的保护有一定的期限，如果超过法律规定的保护时间，某项智力成果上的知识产权就不存在了。知识产权分为工业产权和版权两种类型。工业产权主要是指专利权、商标权、工业品外观设计，同时还包括服务业标志、商品产地标志和厂商名称等专用权。版权指的是文字作品和艺术作品的印刷销售、演出摄影、录音等方面的专有权。

3. 专利制度

专利制度是国际上通行的一种利用法律和经济手段推动技术进步的管理制度，是一种鼓励发明创造、促进科学技术发展的法律制度。它依据专利法，对申请专利的发明，经过审查和批准，授予专利权，发明人在法律规定的有效期限内，对其发明创造享有使用、制造和销售的独占权，以此作为公开其技术的交换条件，以便进行技术情报交流和技术有偿转让。这起到了使国家利用法律手段保护发明权益、鼓励发明的技术公开、促进竞争、激发人们的创造精神、打破技术封锁、促进新技术成果的推广应用的作用。专利制度的基本特征是法律保护、科学审查、公开通报、国际交流。

4.专利的特征

（1）独占性

独占性指任何单位或个人未经专利权人许可，不得以生产、经营为目的使用、制造、销售和进口其专利产品，不得使用其方法等。

（2）时效性

时效性指这种独占权只在法律规定的时间内有效，期限届满后，原来受法律保护的发明创造就成为社会公共财富，任何单位或个人都可以无偿地使用，这种保护期限因不同的国家、不同的专利类型而不同。

（3）地域性

地域性指一个国家或地区授予的专利权，只在该国家或地区有效，对其他国家没有任何约束力。

5.专利的类型

由于各国的专利法不同，专利种类的划分也不尽相同，从世界各国专利法保护的实质内容来看，专利的种类包括发明专利、实用新型专利、外观设计专利、植物专利、再公告专利等。我国及其他一些国家将专利分为发明专利、实用新型和外观设计专利。我国《专利法》实施细则中对于这三种专利给出了特别定义。

（1）发明专利

发明专利指对产品、方法及其改进所提出的新的技术方案。产品可以是固体、液体、气体、粉末等；方法可以是制造方法、测量方法及特定用途的方法。产品及制作方法一起申请专利更易于受到法律保护。发明专利是三种专利中层次最高的一种，我国对发明专利的保护期为20年。

（2）实用新型专利

实用新型专利指对产品的形状、构造提出的适于实用的新的技术方案。与发明专利不同的是实用新型专利只保护具备一定形状的固定物品，强调实用能给工作、生活带来便利。实用新型专利大约占总专利申请数量的90%以上。我国对实用新型专利的保护期为10年。

（3）外观设计专利

外观设计专利指对产品的形状、图案、色彩做出的富有美感适于工业应用的新设计，强调的是该专利产品能给人带来美感。我国对外观设计专利的保护期为10年。实用新型专利和外观设计专利都涉及了产品的形状，而两者的区别是，实用新型专利主要涉及产品的功能，外观设计专利只涉及产品的外表。如果一件产品的新形状与功能、外表均有关系，那么申请人可以申请其中一个，也可以分别申请。

6. 获取专利的条件

我国《专利法》规定："授予专利权的发明和实用新型，应当具备新颖性、创造性和实用性。"世界各国的专利法也做了类似的规定。

我国对实用新型和外观设计专利的申请，实行初步审查制，即国家知识产权局仅审查专利申请是否符合形式要求，只要初步审查合格即批准专利。我国对发明专利申请实行早期公开、延迟审查制度。国家知识产权局先对发明专利申请做初步审查，认为符合要求后，自申请日起满18个月予以公布，也可以按申请人要求早日公布。自申请日起三年内，国家知识产权局按申请人随时提出的请求，对其申请专利进行专利新颖性、创造性和实用性的实质性审查，审查合格后国家知识产权局授予发明专利权，并予以登记和公告。自公告之日起6个月内，国家知识产权局可以根据公众要求对其专利权进行再次审查，并做出维持或撤销专利权的决定。英国、德国、瑞士等国家对发明专利实行的也是早期公开、延迟审查的专利制度。

（二）专利文献

1. 专利文献的含义

世界知识产权组织编写的《知识产权教程》阐述了现代专利文献的概念："专利文献是包含已经申请或被确认为发现、发明，关于实用新型和工业品外观设计的研究、设计、开发和试验成果的资料，以及保护发明人、专利所有人及工业品外观设计和实用新型注册证书持有人权利的有关资料的已出版或未出版的文件（或其摘要）的总称"。同时该教程还进一步指出："专利文献按一般的理解，主要是指各国专利局的正式出版物。"

简言之，专利文献是指经专利管理机构审查，印刷出版的专利说明书以及与保护发明有关的各种文件。其包括发明说明书、专利说明书、专利局公报、专利文摘、专利分类表、申请专利时提交的各种文件（如请求书、权利要求书、有关证书等）以及与专利有关的法律文件和诉讼资料等。因此，专利文献是专利制度的产物。从广义上讲，专利文献包括了申请说明书、专利说明书等申请专利的各类文件以及报道、检索专利的各种刊物。从狭义上讲，专利文献指的是专利申请书和专利说明书。检索专利文献指的是狭义的专利文献。

2. 专利文献的特点

专利文献与其他科技文献相比，具有以下特点。

（1）内容广泛

专利文献涉及的应用技术领域非常广泛，超过了任何科技文献。从高精尖技术（如航空航天技术等）到生活中的日用小物品（如衣扣、别针等）都能在专利文献中找到踪迹。

（2）系统完整

各企业出于竞争的需要，对其产品和工艺在发展中的每个方面和环节，即使是极微小的改进，也都谋求专利保护。其结果常常是围绕一件核心专利先后涌现出许多外围专利。另外，每件专利说明书，在叙述新发明之前，一般都介绍与该发明有关的技术背景，这为情报用户系统地了解专利主题内容提供了方便。

（3）内容详尽，实用性强

为了使发明创造满足专利要求以及获得最大限度的法律保护，申请人必须在说明书中详细阐述发明技术的内容。所以说明书不但有文字说明，而且有各种附图和公式，详尽程度超过了一般科技文献。

（4）可靠性强，质量高

专利说明书要求实质性审查，必须满足专利"三性"要求。这些经过国家知识产权局审查，并经过公众异议检验的专利说明书，一般都具有相当高的水平。

（5）内容新颖，报道速度快

申请专利的发明必须具有新颖性，即发明内容从未在国内外公开发表过或在国内公开使用过。同时，绝大多数国家还实行先申请原则。因此，发明人在其发明创造试验成功后都急于向专利局提出专利申请。这就使专利文献对新技术的报道要早于其他文献。

（6）形式及分类统一，文字严谨

各国专利说明书基本都是按国际统一的格式印刷出版的。著录项目有统一的识别代码和国名代码。多数国家的说明书还标注统一的国际分类号。这些都为专利文献的管理、存贮、检索带来了极大地方便，尤其方便计算机对专利文献进行存贮与检索。

（7）重复报道量大

据世界知识产权组织统计，全世界每年公布的专利说明书有一半以上是重复的。如美国和加拿大两国专利文献的重复率近90%。造成重复的原因有两个，一是同一项发明有时向若干个国家申请专利；二是不少国家的专利局在受理和审批专利申请案过程中，对说明书内容不止公布一次。

3. 专利文献的功能

专利文献的特点决定了它具有情报功能。具体说，它集技术、法律、经济情报于一体，是一种十分有效而实用的情报源。

（1）专利文献是一种技术情报

每一份专利说明书中都详细记录着发明创造的技术内容，人们可以利用专利技术情报开发新技术，解决具体技术问题，开展技术预测，启发人们新的技术构思。

（2）专利文献也是一种法律情报

专利说明书记载了专利权人要求保护的实质性内容。专利说明书的题录部分也载有丰富的法律情报，利用专利法律情报可以审查新的专利申请、解决专利纠纷、规划进出口业务、促进专利许可证贸易。

（3）专利文献是一种经济情报

发明创造活动是社会经济活动的重要组成部分。发明创造的专利技术成果属于社会的第一生产力范畴，因此，发明创造活动及其成果必然会产生大量的经济情报。从这个意义上说，专利文献也是一种经济情报。

4. 专利文献的类型

根据专利文献的不同功能，专利文献可分为以下两种类型。

①一次专利文献：如专利说明书，一次专利文献是专利文献的主体。

②二次专利文献：各种检索专利的检索工具。如各种专利文摘、专利索引、专利公报等。

5.《国际专利分类法》（IPC）

专利制度实施以来，专利文献的数量不断增加，为了更好地管理和使用专利文献，许多国家制定了自己的专利分类体系，主要有《国际专利分类法》、美国专利分类法、英国专利分类法和英国德温特出版公司的专利分类体系。不同的专利分类体系在编制原则、体系结构、标识方式和分类规则等方面存在较大差异，这使在世界范围内检索同一技术主题的专利文献很不方便。随着专利制度的国际化发展，从 20 世纪 50 年代开始，人们逐步意识到应该制定一个国际统一的专利分类法，《国际专利分类法》就应运而生了。

《国际专利分类法》是国际公认的专利分类法，至今已有包括我国在内的许多国家和国际组织采用这种分类方法。因此，它是全世界从分类途径查找专利文献的工具。IPC 采用功能分类为主，功能和应用相结合的原则。IPC 是一个等级式的分类系统，分类的等级是根据差别把整个技术按递降次序分成几个不同的等级，即部、大类、小类、大组和小组。

IPC 把全部技术领域分成 8 个部，每个部的类号用 A 到 H 之间的一个大写字母表示，分成 9 个分册，第 1～8 分册为 8 个部的分类详表，第 9 分册为《IPC 使用指南及分类简表》。使用分类表时，我们可先利用《IPC 使用指南》找到合适的大类，然后再从 8 个分册中查找合适的小组，最后确定专利文献的 IPC 分类号。

（三）中国专利文献及检索工具

1. 中国专利文献

自 1985 年 9 月 10 日起，原中国专利局开始向国内外发行中国专利文献，这些文献大致分成三类。

①公报类：中国专利公报有《发明专利公报》《实用新型专利公报》《外观设计专利公报》。

②说明书类：中国专利说明书有《发明专利申请公开说明书》《发明专利申请审定说明书》《发明专利说明书》《实用新型专利申请说明书》《实用新型专利说明书》。

③检索工具类：该类专利文献有《中国专利年度索引》《国际专利分类表》（中文版）等。

2. 中国专利文献检索工具

（1）《中国专利公报》

国家知识产权局出版的《中国专利公报》为月刊，后来改为周刊。《中国专利公报》以《发明专利公报》《实用新型专利公报》《外观设计专利公报》三种形式出版。三种专利公报的格式基本相同，只是《实用新型专利公报》和《外观设计专利公报》无审定公告和请求实质审查等栏目。

（2）《中国专利年度索引》

它是检索中国专利最有效的工具。它自 1985 年起，每年分两册出版，即《分类年度索引》和《申请人专利权人年度索引》，其中《分类年度索引》将当年公开、公告及批准的发明、实用新型、外观设计专利累积成册。《申请人专利权人年度索引》则将上述申请人、专利权人名称顺序排列，累积成册。我们利用年度累积索引，可以方便、迅速地检索某一技术主题本年度的全部专利或申请人、某公司一年来的全部专利活动。

3. 中国专利文献检索途径

检索中国专利文献，主要有三种途径，即分类途径、序号途径和申请人途径。

①分类途径：根据专利文献的分类进行检索。

②序号途径：一般可根据序号直接索取专利说明书。查找该序号专利的申请人，则可查阅《中国专利公报》中的序号索引，找到该序号后即可知申请人姓名。

③申请人途径：根据专利申请人的姓名检索专利。

三、科技报告

（一）科技报告概述

科技报告是记录科技研究工作成果或进展情况的报告，它可以是科研成果的总结，也可以是科学研究进展情况的实际记录。其主要用途是向上级、项目赞助机构或其他科研人员传递研究进展及成果信息。许多最新的研究成果，尤其是尖端学科的最新探索往往出现在科技报告中。随着科学和经济的高速发展，科技报告的数量迅速增长。科技报告主要反映了科学技术前沿的研究项目，在内容上对科研进展的全过程进行了详细记录，多与高科技领域有关。科技报告在传播过程中，传播研究成果的速度较快，以内部发行为主，外界较难获得，所以我们非常有必要学会使用这种报告的检索系统。

1. 科技报告的产生

西方国家根据自身需要加强了科技领域的研究活动，研究出很多科技成果。但是当时出于保密的需要和纸张短缺，大量研究成果只能以内部报告的形式出现，由此产生了科技报告。

2. 科技报告的特点

①内容新颖，专深详尽，能够迅速反映新的科技成果。科技报告报道的内容大都涉及尖端科学的最新研究成果，对问题的论述翔实、专深，真实地记录了各种数据和图表，记录了成功的经验与失败的教训。所以，科技报告比科技期刊发表科研成果要早一年左右。

②内容多样化。报道的内容包括研究的过程、数据、图表，甚至包括实验失败的典型事例分析，几乎涉及所有的新兴学科。

③出版形式特殊，流通发行受限。在形式上，每份报告自成一册，有机构

名称和统一编号,是独立的专题文献。在时间上,科技报告出版发行迅速,不定期连续出版,一般无固定出版时间,报告的页数多少不等,绝大部分的科技报告都与政府的科研活动、高新技术有关,使用范围控制较为严格。其主要分为保密报告、非保密报告、解密报告。

④报告质量参差不齐。大部分科技报告是研究计划的产物,由工程技术人员编写。由于受时间限制、保密需要等因素影响,报告的质量参差不齐。

3.科技报告的类型

(1)按科技报告反映的研究阶段来分

科技报告大致可分为两大类:一类是研究过程中的报告,如现状报告、预备报告、中间报告、进展报告等非正式报告;另一类是研究工作结束时的报告,如总结报告、终结报告、试验结果报告、竣工报告、正式报告、公开报告等。

(2)按科技报告的文献形式来分

其主要分为:①报告书,是一种比较正式的文件;②札记,研究中的临时记录或小结;③论文,准备在学术会议或期刊发表的报告;④备忘录,供同一专业或同一机构中的少数人沟通信息用的资料;⑤通报,对外公布的、内容较为成熟的摘要性文件;⑥技术译文。

(3)按科技报告的使用范围来分

其可划分为:保密报告、非保密报告、解密报告等。保密报告,按内容分成绝密、机密和秘密三个级别,只供少数有关人员参阅。非保密报告,分为非密限制报告和非密公开报告。解密报告,是保密报告达到一定期限,经审查解密后,成为对外公开发行的文献。

(二)科技报告的检索

1.中国科技报告检索工具

(1)手工检索工具

《科学技术研究成果公报》于1963年创刊,主要报道我国各行业较重要的科研成果,其中包括基础科学、农业、林业、工业、交通、环境科学及医药卫生等行业,是了解我国科研水平和动态的重要手工检索工具。

《中国国防科技报告通报与索引》为月刊,原名《国防科技资料目录》。其主要报道与检索国防科研、实验、生产和作战训练中产生的科技报告和有关科技资料。

（2）计算机检索工具

《国家科技成果库》收录了1978年以来所有正式登记的中国科技成果，按行业、成果级别、学科领域分类，可以通过成果名称、成果完成人、成果完成单位、关键词、课题来源、成果入库时间、成果水平等检索项检索出结果。

《中国科学技术成果数据库》可通过"万方数据资源系统"进行查询。该系统的内容包括高新技术和实用技术成果、可转让的实用技术成果以及获得国家科技奖励的成果项目，专业范围涉及化工、生物、医药、机械、电子、农林、能源、轻纺、建筑、交通、矿冶等。其主要分成四个部分：实用技术、重大成果、中国科技成果、科技奖励项目。检索平台提供成果名称、中图分类号、研制单位、研制人、技术水平、技术密级、成果鉴定等检索途径。

国家科技成果网1999年开通服务，是以科技成果查询为主的权威性网站。其收录了全国各省、市、部委认定的科技成果，有效促进了科技成果的市场化，避免了重复研究。该网站主要栏目有成果查询、成果公报、精品项目、成果推荐、合作转让、网上成果展等，同时提供免费检索。

中国科技网用户提供中国科研成果的相关信息，包括国家科技成果、中科院成果及其他成果，用户还可以在中国科技网查询国家高科技发展研究计划成果、国家科技攻关计划成果、火炬计划项目成果、星火计划成果和技术创新基金项目、国家自然科学基金资助项目成果，科技成果交流等信息。

中国资讯行有超过1200万篇的商业资料藏量，数据库容量逾150亿，范围涵盖197个行业。其中，中国商业报告库是中国资讯行的子库之一，收录经济专家及学者关于中国宏观经济、金融、市场、行业等方面的分析研究文献及政府部门颁布的各项年度报告全文，主要为用户的商业研究提供专家意见和资讯，数据库每日更新。

2. 国外科技报告检索工具

国外各个国家都有自己的科技报告，但数量最大、品种最多的是美国政府部门出版的政府报告，其收集、整理、加工和报道的工作做得非常规范。其中美国政府四大科技报告较为著名，它包括PB报告、AD报告、NASA报告和DOE报告。

PB报告。1945年6月美国成立商务部出版局，负责整理、公布相关科技资料，并编号出版，号码前统一冠以"PB"字样。20世纪40年代的PB报告（10万号以前），主要为整理的科技资料，20世纪50年代起（10万号以后），则主要是美国政府科研机构及其有关合同机构的科技报告。PB报告的内容绝大部分属于科技领域，包括基础理论、生产技术、工艺、材料等。20世纪70年代以后，PB报告开始侧重于民用工程技术方面。

AD报告。AD报告是美国陆海空三军科研机构的报告，也包括公司企业、外国的科研机构和国际组织的研究成果。AD报告的内容不仅包括军事方面，也广泛涉及许多民用技术，包括航空、军事、电子、通讯、农业等22个领域。AD报告的密级包括机密、秘密、内部限制发行、非密公开发行四级。报告号的编号方法起初采取混排，在AD后再加一个字母，以区分不同密级，如ADA表示公开报告，ADB表示内部限制发行报告，ADC表示秘密、机密报告等。

NASA报告。NASA报告是美国国家航空和航天局出版的科技报告。其主要内容包括空气动力学、发动机及飞行器结构、材料、试验设备及测量仪器等，与机械、化工、冶金、电子、气象、天体物理、生物等领域有密切联系。因此，NASA报告实际上是一种综合性的科技报告。

DOE报告。DOE是美国能源部的缩写，DOE报告是原子能和能源管理系统的报告。1981年开始，能源部发行的报告都采用"DE+年代+顺序号"的形式，所以DOE报告1981年以后又叫DE报告。

（1）手工检索工具

美国四大报告的传统手工检索工具主要有：《美国政府报告通报及索引》，《航空和航天科技报告》，《能源研究文摘》等。

《美国政府报告通报及索引》，由美国商务部国家技术情报服务处编辑出版，主要是检索PB和AD报告的工具。这名称是从1971年开始使用的，其编排实际上分为《政府报告通报》和《政府报告索引》两部分，前者是文摘、后者是索引，是同一种检索工具的两个部分，相互配合使用。

《航空和航天科技报告》由美国国家航空和宇航局（NASA）编辑出版，它是系统报道NASA报告及其他有关的航天科技文献（不包括期刊）的文摘刊物。它于1963年创刊，为半月刊，1993年改为月刊。STAR范围包括：NASA及其合同机构编写的科技报告；美国其他政府机构、研制机构、大学及私营公司发表的科技报告；NASA所拥有的专利、学位论文和专著；外国公开发表的科技报告；转载的AD、PB、DOE报告。

《能源研究文摘》由美国能源部科技情报局编辑出版。它于1976年创刊，是检索DOE报告的主要检索工具。ERA报道的文献以美国能源部及其所属单位编写的全部科技报告、期刊论文、会议论文和会议录、图书、专利、学位论文和专著为主，也有其他单位编写的与能源有关的文献，报道内容主要集中在能源的各个方面，也报道安全、环境科学、生物、医学、物理学以及法规等领域的文献。

（2）计算机检索工具

计算机检索工具主要有以下几种。

NTS 数据库：美国国家技术情报服务处（NTS）借助 Internet 提供 NTS 目录数据库的检索服务。其商业目的在于为用户提供在线科技报告全文的订购传递服务。该数据库为题录型，主要报道 PB 报告、非密或解密的 AD 报告、部分 NASA 报告和 DOE 报告及其他类型的科技报告。该数据库提供三个检索框，每个检索框允许输入主题词、短语或检索式。

AD 报告数据库：主要通过美国国防技术情报中心的科学技术网络服务器为用户提供免费检索服务，其数据包括：1974 年至今非公开与非密类技术报告的文摘题录、1985 年以来限制发行报告的题录文摘、所有 1998 年至今非密公开发行和非密限制发行的报告全文以及 1999 年以后非公开限制发行的报告全文。其内容涉及生物医学、环境污染和控制、行为科学以及社会科学等方面。

DOE 报告数据库：美国能源部所属的科技信息办公室创立并维护的能源科学与技术虚拟图书馆，为用户提供经过整合的综合性科技信息资源。

NASA 报告数据库：NASA 报告由所属各研究机构和合同单位按不同的研究课题提供，因此，NASA 报告数据库为分布式多个数据库的联合体。该数据库提供两种检索模式，支持布尔逻辑运算，缺省运算符默认为"OR"关系，在高级检索界面中提供多库和跨库检索。

四、会议文献

（一）会议文献概述

会议文献是产生于各种学术会议的文献。随着科学技术的蓬勃发展，各国的学术性学会、协会、科研机构以及国际性的学术组织越来越多，所以各种类型的学术交流会议也越来越多，导致每年产生大量的专业会议文献。会议文献是了解各国科技动态，预测科技的发展趋势，进行情报分析和情报研究的重要参考资料，是传递科技情报，交流科技成果与经验的重要科技情报源之一。

1. 会议文献的特点

相对于其他文献资源来说，会议文献具有自身的特点。

①信息传递及时，内容新颖。会议是公布新研究成果的重要场所，30% 的

科技成果在科技会议上首次公布。会议文献对本领域重大事件的首次报道率最高,是科技文献的重要组成部分,能够及时反映科学技术中的新发现、新成果、新成就以及学科发展趋势,是一种重要的文献资源。

②传递的信息专业性和针对性强。由于学术会议都是专业性学术团体召开的,有非常明确的主题。因此,会议文献的内容也非常明确,具有极强的专业针对性。

③会议文献的出版形式多样。据统计,以期刊形式出版的会议录约占会议文献总数的50%。另外一些会议文献还常常汇编成专题论文集,或以会议丛刊、丛书和科技报告的形式出版。除此之外,个别会议文献还以视听资料形式出版。

2. 会议文献的类型

按照出版时间的先后,会议文献可分为三种类型:会前、会中、会后文献。

①会前文献包括征文启事、会议通知书、会议日程表、预印本和会前论文摘要等。其中预印本是在会前几个月内发至与会者或公开出售的会议文献,比会后正式出版的会议记录要早1~2年,但内容完备性和准确性不及会议录。有些会议不再出版会议录,故预印本就显得更加重要。

②会中文献是会议期间的会议文献,包括开幕词、讲话或报告、讨论记录、会议决议报告和闭幕词等。

③会后文献有会议录、汇编、论文集、报告、学术讨论会报告、会议专刊等。其中会议录是会后将论文、报告及讨论记录整理汇编并公开出版或发表的文献。

(二)会议文献的检索工具

为更好地利用会议文献,许多国家出版了各种会议文献检索工具或建立会议文献检索数据库,如美国出版的预告、报道和检索世界重要学术会议文献的《世界会议》《会议论文索引》《科技会议录索引》,英国出版的《近期国际会议》,中国出版的《国内学术会议文献通报》及其数据库等。

1. 中国会议文献检索工具

(1)手工检索工具

《中国学术会议文献通报》,于1982年创办,原名为《国内学术会议文献通报》,原为季刊,1984年改为双月刊,1986年又改为月刊,1999年停刊。该刊以题录、简介和文摘形式报道所收藏的国内学术会议论文,内容涉及数理科学化学、农业科学、工业技术等学科,以自然科学为主,文献来源于全国重点学会举办的各种专业会议。停刊后，有关会议文献收入万方会议论文数据库。

（2）计算机检索工具

中国学术会议论文全文数据库，是万方数据资源系统的子库之一，该数据库收录了国家一级学会组织召开的全国性学术会议的会议论文，数据覆盖自然科学、工程技术、农林、医学等领域。该库是国内学科最全、文献数量最多的会议论文数据库，属国家重点数据库。该数据库可以从会议信息和论文信息两个角度查找文献，查找途径包括会议名称、地点、时间、届次、主办单位、出版单位、分类号、关键词、论文题目、作者等。

CALIS联合目录检索系统，收录"211工程"的重点院校每年主持的国际会议的论文，根据目前的调查，重点大学每年主持召开的国际会议大多数有正式出版的会议论文集。

国家科技图书文献信息中心，该网站的《中文会议论文数据库》收录了1985年以来我国国家级学会、协会、研究会以及各省、部委等组织召开的全国性学术会议的论文。该网站的《外文会议论文数据库》主要收录了1985年以来世界各主要学会、协会、出版机构出版的学术会议论文。学科范围涉及自然科学各专业领域。

CNKI中国知网，该网站的《中国重要会议论文全文数据库》收录我国2000年以来国家二级以上学会、协会、高等院校、科研院所、学术机构等单位的论文。

中国会议网，该网站的主要内容是会议消息，范围包括各个领域。

2. 国外会议文献检索工具

（1）手工检索工具

《科学技术会议录索引》（ISTP）与EI、SCI、ISR并称为世界四大检索工具。ISTP创刊于1978年1月，为月刊，由美国科学信息研究所（ISI）编辑出版。全世界75%～90%的重要科技会议论文都被收录在ISTP内，涉及的学科领域包括物理、化学、工程、生命科学、生物科学、临床医学、环境及能源科学等。ISTP报道全面及时，辅助索引完善，使用方便，是查找国际科技会议论文的重要检索工具。ISTP主要由会议录目次和索引两大部分构成。会议录目次完整地描述了每个会议的相关信息，ISTP的各种索引通过会议录号码都能指引到会议录目次。会议录目次按会议录号码的顺序排序，每条记录除著录会议名称、主办者、会议召开的地点时间、会议录名称、出版信息、获取方式等基本信息外，还著录会议录所刊登的每篇论文的名称、作者、第一作者工作单位、地址以及每篇论文在会议录中的起始页码。

《会议论文索引》（CPI），是由美国数据快报公司于1973年创办，原名为《近期会议预报》，1978年改为现名，为月刊。它从1981年开始改由美国剑桥科学文摘社编辑出版。从1987年起改为双月刊。这本索引主要报道自然科学、工程技术、医学等方面的会议论文，是目前检索外文会议文献最常用的检索工具之一。

（2）计算机检索工具

计算机检索工具主要是ISI会议录数据库，分为两个版本，由ISTP和ISSHP（社会科学及人文科学会议录索引）整合而成。ISTP数据库收录了1990年以来每年国际科技学术会议出版的议论文，为用户提供自1997年以来的会议录论文的摘要，涉及学科范围与其纸质版本相似。ISSHP收录了1990年以来国际学术会议出版的会议论文，为用户提供1997年以来的会议论文摘要，包括管理、经济、心理学、社会学、公共健康、艺术、历史、文学和哲学等学科。在ISI会议录数据库中，用户可以利用会议主题、主办单位、举办地点、日期、作者、文章主题、来源期刊名、作者地址等与会议有关的信息进行检索，从中发现有关某个研究课题的会议文献。

五、学位论文

（一）学位论文概述

学位论文是高等院校和科研单位的毕业生、研究生在获取学士、硕士或博士学位时向有关方面呈交的体现其学术研究水平的研究论文，根据《中华人民共和国学位条例》的规定，学位论文分为学士论文、硕士论文、博士论文三种。其中硕士、博士学位论文具有较高的学术价值。

学位论文的特点如下。

①学位论文研究内容一般为学科前沿问题。
②学位论文均已通过评审，质量有保证。
③学位论文均附有参考文献，含有丰富的书目信息，便于追踪、研究和检索，其较一般期刊论文更为深入、细致、全面。
④学位论文一般不公开出版，具有一定的保密性。

我国目前有博士、硕士授予单位1000多家，博士点2500多个，硕士点13000多个，每年产出博士、硕士论文10万多篇。1979年，国务院学位委员会确定中国科学技术信息研究所和中国社会科学院文献信息中心为我国学位论文接受呈缴单位。前者主要收藏自然科学、工程技术类学位论文，后者主要收藏社会科学类学位论文。

（二）学位论文的检索工具

1. 中国学位论文的检索

（1）手工检索工具

《中国博士学位论文提要》，由国家图书馆按年度编纂，由北京图书馆出版社出版。其每篇论文提要都包括论文题目、作者、指导教师、学位授予机构、学位授予年代、页数、提要正文和关键词。正文提要在较短的篇幅内概括了文章的中心思想和主要内容，揭示文章的精神要义，反映作者的学术观点和研究成果。书后还附有《著者索引》和《关键词索引》。

《中国学位论文通报》，是报道我国自然科学领域学位论文的主要检索工具，由中国科学技术信息研究所编辑，科学技术文献出版社出版，1985年创刊，原为季刊，1986年以后改为双月刊。其内容主要以题录、简介和文摘结合的形式，报道我国高等院校和科研机构的博士、硕士论文。其每期内容包括分类目录、正文和索引。分类目录按中图法分类，共设9个大类和18个子类；正文按中图法标引编排；索引部分有"机构索引"和"年度分类索引"。

（2）计算机检索

万方数据资源系统中的中国学位论文全文数据库（CDD），收录了我国自然科学和社会科学领域的硕士、博士及博士后论文的文摘信息，内容包括：论文题名、作者、专业、授予学位、导师姓名、授予学位单位、馆藏号、分类号、论文页数、出版时间、主题词、文摘等信息。该库提供学科导航、字典检索、个性检索、专业检索等检索方式。其提供的字典检索功能非常强大，该功能将数据库中使用的概念词收录在系统提供的字典中，方便用户选词检索。

中国优秀博、硕士论文全文数据库，由清华同方股份有限公司开发，它是中国知识基础设施工程（CNKI）的组成部分之一，是目前国内资源较完备、收录文献质量较高的权威性博、硕士论文全文数据库。该数据库按学科划分为9个专辑，涵盖了理工、农林、医卫、社会科学等领域，产品服务形式有网上包库、镜像和光盘。该数据库分简单检索和高级检索两种检索形式，检索途径有分类、关键词、中文题名与副题名、中文摘要、作者、导师、论文级别、学科专业名称、学位授予单位、英文题名与副题名、英文关键词、英文摘要等。简单检索不支持布尔逻辑检索、不支持多字段同时检索；高级检索支持布尔逻辑检索和组合检索。

CAIS 高校学位论文数据库，是在博、硕士学位论文文摘数据库基础上建立的，成为提供集中检索、分布式全文获取服务的高校博、硕士学位论文数据库。用户可以通过"简单检索"和"复杂检索"来查找想要的内容。简单检索功能只允许用户输入一个检索条件，可以通过不同的检索方式和检索字段来获得自己想要的结果。复杂检索允许用户输入多个查询条件，以各种不同的检索方式和检索字段来查找相关内容并进行显示设置。另外，用户还可以使用学科浏览，通过点击查看相关学科的相关内容，再点击具体学科来查看属于该学科的已发布记录信息。用户通过检索可得到论文作者、单位、毕业院校、导师、中文文摘、外文文摘以及关键字等信息。

2. 国外学位论文的检索

（1）手工检索工具

《国际学位论文文摘》（DAI），由美国国际大学缩微品公司编辑出版，1938年创刊，月刊，原名《缩微胶卷文摘》，1952年改名为《学位论文文摘》，1969年又改为现名。它收录的学位论文来源于美国和加拿大等国家的500多所著名大学，是国外学位论文的主要检索工具之一，分三辑单独出版。A辑主要涉及人文和社会科学，月刊，包括五大类：信息与艺术，教育、语言、文学和语言学，哲学，宗教和神学，社会科学。A辑主要报道美国和加拿大大学及研究机构的人文与社会科学方面的博士论文。B辑主要涉及自然科学与工程技术，月刊，包括五大类：生物科学、地球科学、健康与环境科学、自然科学、心理学。它主要报道美国和加拿大大学及研究机构的自然科学与工程技术方面的博士论文。C辑为欧洲学位论文文摘，季刊，从1977年开始出版，收录法国、荷兰、比利时等十几个欧洲国家的博、硕士论文。DAI各辑均由文摘和索引两部分组成，各辑每期首页有分类目次表，各级类目按字顺排列。正文按照DAI主题范畴表的全部类目的名称字顺排列，每期附有关键词索引、著者索引，每年最后一期出版年度累积著者索引。根据DAI的编制方法，检索途径分为分类途径、作者途径、关键词途径。

（2）计算机检索

PQDD是博、硕士论文数据库，收录了欧美1000余所大学的学位论文，内容覆盖理工和人文社科等领域，是目前世界上规模最大、使用最广泛的学位论文数据库。

PQDT是世界上最具权威的学位论文数据库。它收录了1861年以来世界上1000余所大学文、理、工、农、医等学科的博、硕士论文的摘要及索引，每两周更新一次数据库。

第五节 网络文献信息资源

一、网络概述

(一)网络的基本概念

随着计算机的广泛应用,特别是家用计算机越来越普及,我们一方面希望众多用户能共享信息资源,另一方面也希望各计算机之间能互相传递信息。个人计算机的硬件和软件配置一般相对较低,功能也有限。因此,大型与巨型计算机的硬件和软件资源,以及它们所管理的信息资源应该为众多的微型计算机所共享,以便充分利用这些资源。这些原因促使计算机向网络化发展,将分散的计算机连接成网,组成计算机网络。

到网络海洋去冲浪,如今已成为一种时尚。每当我们拿起一张报纸、一本杂志或者打开电视机的时候,都可能看到一个词:网络。人们不禁要问,网络是什么?

从广义上讲,网络是遍布全球的连接各个计算机平台的通信方式,是成千上万信息资源的总称。

从本质上讲,网络是一个使世界上不同类型的计算机能交换各类数据的通信媒介。

从网络提供的资源及对人类的作用这方面来理解,网络是建立在高灵活性的通信技术之上的全球数字化数据库。

网络简单来说,就是用物理链路将各个孤立的工作站或主机连在一起,组成数据链路,从而达到资源共享和通信的目的。

网络是由两台以上的计算机通过物理网络介质(网线、网卡、电话线、交换机、路由器、猫、ADSL 等)连接在一起组成的,它使计算机与计算机之间可以相互通信(包括文件传递、信息传输)。

1. 流量网络

流量网络一般用来对管道系统、交通系统、通信系统进行建模。它有时特指计算机网络或特指其中的互联网。它是由有关联的个体组成的系统,如人际网络、交通网络、政治网络。

2. 计算机网络

计算机网络是现代通信技术与计算机技术相结合的产物。所谓计算机网络，就是用通信线路和通信设备将分布在不同地点的多台计算机系统互相连接起来，按照共同的网络协议，共享硬件、软件和数据资源的系统。通俗地说，计算机网络就是通过电缆、电话线或无线通信等互联的计算机的集合。实现计算机网络的四个要素包括：①通信线路和通信设备；②有独立功能的计算机；③网络软件、硬件支持；④实现数据通信与资源共享。

（二）网络的分类

网络分类应该有一个标准，标准不同，分类自然也不同。在一般情况下，我们可以按网络节点规模和网络IP地址类型来进行分类。

1. 按网络节点规模分类

（1）本地网

本地网也叫局域网，是指在一个较小地理范围内的各种计算机网络设备互联在一起的通信网络，可以包含一个或多个子网，通常局限在几千米的范围内。如在一个房间、一座大楼，或是在一个校园内的网络，就称为"局域网"。

（2）广域网

广域网连接地理范围较大，常常是一个国家、一个城市、一个洲或一个地区的所有组网计算机的集合，其目的是让分布较远的各局域网互联。我们平常讲的Internet就是最大、最典型的广域网。处于网络中的每台计算机，被称为一个节点，每个节点都有一个独立的IP地址，以标识其独立性和唯一性。

2. 按网络IP类型分类

①私用网络：互联网中相对独立封闭的计算机网络。处于私有网络的计算机不能直接与公网计算机对话。

②公共网络：也被称为互联网，处于公网的计算机可以相互进行对话。

ICANN也就是Internet名称与编号分配组织，这个组织对IP地址实行编号，规定一些地址作为保留地址，以供私用网络使用。这个私用的网络也可以称为本地网。

私用IP地址所对应的计算机不能直接与Internet用户对话。

如果私用网络中有很多台计算机，想让这些计算机都能访问公网，就需要NAT——网络地址转换，通过NAT把私用网络计算机的IP地址转换成公用网络的IP地址，这样私用网络用户就可以和公网的计算机用户对话了。

（三）网络的发展

1946年世界上第一台电子计算机问世，此后的十多年内，由于价格很昂贵，电脑数量极少。早期所谓的计算机网络主要是为了解决这一问题而产生的，其形式是将一台计算机经过通信线路与若干台终端直接连接，我们也可以把这种方式看作局域网的雏形。

Internet并非某一完美计划的结果，Internet的创始人也绝不会想到它能发展到目前的规模。在Internet面世之初，没有人能想到它会进入千家万户，也没有人意识到它的商业用途。

1969年，美国国防部高级研究计划管理局（ARPA）开始建立一个名为ARPAnet的网络，把美国的几个军事、研究用的电脑主机连接起来。当初，ARPA net只联结了四台主机，它被置于美国国防部的保护之下。从技术上，它还不具备向外推广的条件。

1983年，ARPA和美国国防部通信局研制成功了用于异构网络的TCP/IP协议，从而诞生了真正的Internet。

1986年，美国国家科学基金会（NSF）利用ARPAnet发展出来的TCP/IP通信协议，建立了NSFnet广域网。由于美国国家科学基金会的鼓励和资助，很多大学、研究机构把自己的局域网并入NSFnet中。如今，NSFnet已成为Internet的重要骨干网之一。

到了90年代初期，Internet事实上已成为一个"网中网"——各个子网分别负责自己的架设和运作费用，而这些子网又通过NSFnet互联起来。由于NSFnet是由政府出资，因此，当时Internet最大的老板还是美国政府，只不过在一定程度上加入了一些私人资本。Internet在80年代的扩张不单带来量的改变，同时带来质的改变。由于多种学术团体、企业研究机构，甚至个人用户的进入，Internet的使用者不再限于电脑专业人员。新的使用者发现，加入Internet除了可共享运算能力外，还能进行相互间的通信，而这种相互间的通信对他们更有吸引力。于是，他们逐步把Internet当作一种交流与通信的工具，而不仅仅是共享NSFnet的运算能力。

在20世纪90年代以前，Internet的使用仅限于研究与学术领域。商业性机构进入Internet一直受到法规或传统问题的困扰。事实上，像美国国家科学基金会等曾经出资建设Internet的政府机构对Internet的商业活动并不感兴趣。

1991年，美国的三家公司分别经营着CERFnet、PSInet及Alternet网络，在一定程度上向客户提供Internet联网服务。他们组成了"商用Internet协会"

（CIEA），宣布用户可以把他们的 Internet 子网用于商业。Internet 商业化服务提供商的出现，使企业终于可以堂堂正正地进入 Internet。商业机构很快发现了 Internet 在通信、资料检索、客户服务等方面的巨大商业潜力。于是，势头一发不可收拾。世界无数的企业及个人纷纷涌入 Internet，带来 Internet 发展史上一个新的飞跃。

Internet 目前已经联系超过 200 个国家和地区，用户超过 40 亿，成为世界上信息资源最丰富的电脑公共网络。Internet 已经成为全球信息高速公路。

（四）网络的发展阶段

1. 远程终端连接（第一代）

20 世纪 60 年代早期，面向终端的计算机网络产生，主机是网络的中心和控制者，终端（键盘和显示器）分布在各处并与主机相连，用户通过本地的终端使用远程的主机。这种网络只提供终端和主机之间的通信，子网之间无法通信。

2. 计算机网络阶段（第二代）

20 世纪 60 年代中期，多个主机互联，实现了计算机和计算机之间的通信，包括通信子网、用户资源子网。终端用户可以访问本地主机和通信子网上所有主机的软硬件资源。

3. 计算机网络互联阶段（第三代）

1977 年国际标准化组织制定了开放体系互联基本参考模型（OSIRM）。1983 年 TCP/IP 协议诞生，在不同厂家生产的计算机之间实现互联。

4. 信息高速公路（第四代）

①宽带综合业务数字网：信息高速公路。
② ATM 技术、ISDN、千兆以太网。
③交互性：网上电视点播、电视会议、可视电话、网上购物、网上银行、网络图书馆等高速、可视化信息交互方式产生。

（五）网络的作用

网络是世界各地的电脑相互间通信的方法和手段，是信息的载体和传输系统，是连接全世界计算机的纽带，同时也是一个功能强大的"工具"，几乎覆盖了整个世界。它集新闻、通信、娱乐、资源共享于一体，是现代社会信息交流的高速公路。人们不仅可以从网上获取大量信息，更可以向国际社会展现自己。它是当今世界上覆盖范围最大、用户最多、资源最丰富、最实用的计算机工具。

网络的信息内容非常庞大，我们不仅要把它当作一个工具，更要把它视为一个庞大、实用、可享受的信息源。我们也希望人们把网络当作一个面向芸芸众生的社会来理解，世界各地的人都可以利用网络通信和共享信息源，可以发送或接收电子邮件，可以与别人建立联系并互相共享信息，可以在网上发布公告、宣传信息，可以参加各种专题小组讨论，可以免费享用大量的信息源和软件资源。

二、互联网在中国

（一）中国互联网的发展

我国目前在网络基础设施上已投入了大量资源，例如，建成了中国公用分组交换数据网和中国公用数字数据网。覆盖全国范围的数据通信网络已颇具规模，为互联网在我国的普及打下了良好的基础。

中国科学院高能物理研究所在 1987 年就开始通过国际网络线路接入互联网。到 1997 年底，我国已建成中国公用计算机网互联网、中国教育与科研网、中国科学技术网和中国金桥信息网等，并与互联网建立了各种连接。中国的互联网发展历程可以划分为三个阶段。

1. 第一阶段

第一阶段为 1987～1993 年，也是研究试验阶段。在此期间，中国一些科研部门和高等院校开始研究互联网技术，并开展了相关科研工作，但这个阶段的网络应用仅限于小范围内的电子邮件服务。

2. 第二阶段

第二阶段为 1994～1996 年，同样是起步阶段。1994 年 4 月，中关村地区教育与科研示范网络工程进入互联网，从此中国被国际上正式承认为有互联网的国家。之后，ChinaNet、CenVet、CstNee、ChinaGbn 等多个互联网网络项目相继启动，互联网开始进入公众生活，并在中国得到了迅速发展。至 1996 年底，中国互联网用户数达到 20 万，利用互联网开展的业务与应用逐步增多。

3. 第三阶段

第三阶段为 1997 年至今，是互联网在我国发展最为快速的阶段。国内互联网用户数如今已有十几亿之多。

随着网络基础的改善、新技术的采用、网络接入方式的多样化和运营商服务能力的提高，互联网带宽得到进一步改善，上网速度将会更快，从而促进更多互联网功能的实现。

（二）中国互联网发展的重点

中国的互联网发展目前取得了很好的成绩，但政府还是对它今后的发展做了重点部署。

①扩大网络规模，优化网络结构，避免重复建设，使网络向综合化、智能化发展。

②在基础网络方面，我们要进一步引入竞争机制，降低价格，改善服务，解决制约网络发展的问题。

③充分利用社会资源，如图书馆、公共数据库等，丰富网络内容。

④重视网络安全问题。

⑤加强中国与国际网络界的联系。

（三）中国四大骨干网简介

1. 中国公用计算机互联网（ChinaNet）

中国公用计算机互联网又称"邮电部互联网""中国公用 Internet 网"，是由国务院信息领导小组确定的、原邮电部门组建的国际计算机互联网中国联网系统。它于 1994 年开始建设，原邮电部与美国 Sprint Link 公司在 1994 年签署 Internet 互连协议，开始在北京、上海两个电信局进行 Internet 网络互联工程，1995 年初与国际互联网连通，并于当年 5 月向社会提供服务。

ChinaNet 由骨干网、接入网组成，骨干网是其主要信息通道，由直辖市和各省会城市的网络节点构成。ChinaNet 骨干网的拓扑结构分为核心层和大区层，31 个省市网络分中心，接入网是各省（区）网络接点形成的网络。核心层由北京、上海、广州、沈阳、南京、武汉、成都和西安八个城市的核心节点组成，提供与国际 Internet 互联的服务，以及大区之间的信息交流服务。北京、上海、广州三个核心层节点各设两台国际出口路由器与国际互联网相连。

ChinaNet 的灵活接入方式和遍布全国各城市的接入点，可以使用户方便地接入国际 Internet，享用 Internet 上的丰富信息资源和各种服务，并为国内的信息资源共享提供方便的网络环境。

ChinaNet 以高速、流畅的网络环境，充足的中继线路，便利的接入方式，标准的中文环境及强大的技术支持，独树一帜。ChinaNet 是中国最大的

Internet 服务提供商。它是中国第一个商业化的计算机互联网，旨在为中国的广大用户提供 Internet 的各类服务，推进信息产业的发展。

1994 年，ChinaNet 开始筹建。1995 年 5 月，ChinaNet 上海节点正式向社会提供服务。1995 年 11 月，我国全面启动包括骨干网建设。1996 年 1 月，全国骨干网建成并正式开通。1999 年，ChinaNet 二期扩容工程完成。

2. 中国教育与科研计算机网（CerNet）

中国教育与科研计算机网是1994年由原国家计委、由原国家教委批准立项，原国家教委主持建设和管理的全国性教育和科研计算机互联网络。该项目的目标是建设一个全国性的教育科研平台，把全国大部分高校连接起来，实现资源共享。CerNet 于 1994 年启动，1995 年底完成首期工程，北京（网络中心）、上海、南京、广州、武汉、西安、成都和沈阳等高等学校集中的大城市有国际专线。全国主干网于 1995 年 10 月开通。二期工程完成后，全国主干网逐步升级，网速得到提升。

CerNet 已建成由全国主干网、地区网和校园网在内的三级结构网络。CerNet 分四级管理，分别是全国网络中心、地区网络中心和地区主结点、省教育科研网、校园网。CerNet 全国网络中心设在清华大学，负责全国主干网的运行管理。地区网络中心和地区主结点分别设在清华大学、北京大学、北京邮电大学、上海交通大学、西安交通大学、华中科技大学、华南理工大学、电子科技大学、东南大学、东北大学等 10 所高校，负责地区网的运行管理和规划建设。

到 2001 年，CerNet 主干网的传输速率已达到 2.5 Gbps。时至今日，CerNet 已覆盖全国各级教育系统。

3. 中国科学技术网（CstNet）

中国科学技术网是原国家科学技术委员会联合全国的科技信息机构，采用先进信息技术建立的信息服务网络，旨在促进全社会的信息共享、信息交流。中国科学技术网于 1994 年 4 月建立了与 Internet 的专线连接，在 1994 年 5 月 21 日完成了我国最高域名 CN 主服务器的设置，实现了与 Internet 的 TCP/IP 连接。至 1997 年底，它已连接 100 多个以太网、3000 多台计算机、1 万多名用户，成为当时中国地域广、用量大、性能好、通信量大、服务设施齐全的全国性科研教育网络。

中国科学技术网的建成对于加快中国国内信息资源的开发和利用、促进国际交流与合作起到了积极的作用，其以丰富的信息资源和多样化的服务方式为国内外科技界和高技术产业界的广大用户提供服务。

中国科学技术网是以公用数据通信网为基础的信息增值服务网,在地理上覆盖全国各省市,逻辑上连接各科技信息机构,是国家科技信息系统的骨干网,同时也是国际 Internet 的接入网。中国科学技术网在服务功能上是 Intranet(内部网)和 Internet 的结合。其 Intranet 功能为国家科技部系统内部提供了办公自动化的平台,为国家科技机构、地方科技机构提供了信息传输渠道;Internet 功能则主要服务于专业科技信息服务机构,包括国家、地方的科技信息服务机构。

4. 中国金桥信息网(ChinaGbn)

中国金桥信息网即国家公用经济信息通信网,由原电子工业部管理,面向政府、企业、事业单位和社会公众提供数据通信和信息服务。金桥网是建立在金桥工程上的业务网,为金关、金税、金卡等"金"字头工程提供服务。其覆盖全国,实行国际联网,是为用户提供专用信道、网络服务和信息服务的基干网,金桥网由吉通公司牵头建设并接入 Internet。

(四)互联网带来的机遇与挑战

1. 互联网带来的机遇

互联网给全世界带来了非同寻常的机遇。人类经历了农业社会、工业社会,当前正处于信息社会。作为继材料、能源之后的又一重要战略资源,信息的有效开发和充分利用,已经成为社会和经济发展的重要推动力和生产要素。互联网正在改变着人们的生产方式、工作方式、生活方式和学习方式。首先,网络缩短了空间的距离,大大加快了信息的传递,使社会的各种资源得以共享。其次,网络创造出更多的机会,可以有效地提高传统产业的生产效率,有力地拉动消费需求,从而促进经济增长,推动生产力进步。同时,网络也为社会各个层次的文化交流提供了良好的平台。

2. 互联网带来的挑战

互联网的确创造了一个奇迹,但在奇迹背后,存在着日益突出的问题,给社会带来了极大的挑战。比如,网络的开放性和全球化,促进了人类知识的共享和经济的全球化,但也使网络安全和信息安全成为非常严重的问题;网络的竞争已成为国家、企业间高技术的竞争和人才的竞争;网络带来信息的全球性流通,也加剧了文化渗透,各国都在为捍卫自己的网络文化而努力。中国拥有悠久的历史文化,如何使深厚的文化底蕴在网络上得以充分利用,值得我们思考。

3. 我国互联网存在的问题

我国互联网发展中还存在一些问题。首先，我国互联网技术和国外相比还有一定的差距。其次，我国的网络设施和网络发达国家相比还有一定差距。第三，我国的网络管理法规还不够完善。第四，中国网络业在资本投入、经营模式、经营理念、技术创新等方面都需要进行深入的思考和研究。外国成功的方式在我国未必适用，因此我们不能照搬，要建立适合我国国情的模式。

三、网络信息资源

在这个以数字化生存为特征的新时代，因特网以其不可比拟的优势为21世纪的人们提供了一个全新的世界和一种全新的生活。网络全方位的交流，使网络信息资源应运而生，且丰富多样。网络信息资源为图书馆信息资源注入了新的血液，为图书馆在网络时代的发展提供了新的契机。网络信息资源形式多样，有网络数据库、网络出版物、电子论坛、动态信息等。

（一）网络信息资源的含义

网络信息资源虽然已被越来越多的人所接受，但目前对网络信息资源并没有统一的定义。有人认为"网络信息资源就是通过计算机网络可以利用的各种信息资源的总和"。有人认为："网络信息资源是指以数字形式记录的，以多媒体形式表达的，存储在网络和计算机磁介质、光介质以及各类通信介质上的，通过计算机网络通信方式进行传递的信息内容的集合"。在理解网络信息资源的概念时，我们需要注意的是网络信息资源并非指所有投放到因特网上的信息，而只是指其中能满足人们信息需求的那一部分。

（二）网络信息资源的类型

根据不同的划分标准，网络信息资源可以划分为不同的类型。

按时效性可以分为：网络出版物、动态信息、联机馆藏书目数据库、国际联机数据库。

按资源分布可分为：企业、公司站点资源，大学、科研院所站点资源，信息服务机构站点资源，行业机构站点资源。

按知识层次可分为：知识信息、信息单元、文献、信息资源、信息系统。

按出版方式可分为：正式出版信息、半正式出版信息、非正式出版信息。

1. 正式出版信息

正式出版信息指受一定的知识产权保护、信息质量可靠、利用率较高的知识性、分析性信息,如通过万维网,用户可以查询到的各种联机杂志和电子杂志、电子工具书、报纸、专利信息等。

2. 半正式出版信息

半正式出版信息指受一定知识产权保护,但没有纳入正式出版信息系统中的信息,如从各种学术团体和教育机构、企业和商业部门、国际组织和政府机构、行业协会等单位的网站上,我们可以查询正式出版物系统中无法找到的信息。

3. 非正式出版信息

非正式出版信息指流动性、随意性较强,数量多,质量难以保证和控制的动态性信息,如电子邮件、电子会议等。

(三)网络信息资源的特点

与传统信息资源相比,网络信息资源在数量、结构、分布、传播范围、类型、载体形态、内涵、控制机制、传递手段等方面都有明显差异,呈现出许多新的特点。

1. 信息复杂多样

网络信息资源具有大量、多类型、多媒体、非规范、跨时间、跨地域、跨行业、多语种等特点。文章、数据、图形、声音和视频等都可以成为网络信息资源,这使网络信息资源管理的复杂性和多样性空前提升。

2. 信息内容广泛

网络信息资源以电子文件的形式分布在世界各地的计算机上,包括不同学科、不同领域、不同地区、不同语言的各种信息,组成了世界最大的信息资源库。

3. 信息时效性强

网上的信息更新快,我们在互联网上能够得到最新的资料,获得某个科研项目的最新动态,得到最近或者当日发表的文献。

4. 开放性和交互性强

信息具有互动性,网络信息资源的共享性促使网络信息资源数据结构标准化,导致各种资源之间的开放性和兼容性越来越强。传统载体信息与用户之间是单向的关系,用户处于被动接受的地位。而网络信息资源具有互动性,用户的主动性增强,他们既是网络信息资源的利用者,也是网络信息资源开发的主体。比如,科研工作者既可以不受限制地使用网络资源,也可以将自己的优秀成果放在网上,供网络用户使用,成为网络资源的建设者。

5. 存取方式多样

在网络环境下，信息存取方式与所获得的信息资源类型密切相关，其存取方式主要有电子邮件型、电话型、揭示板型、图书馆型、书目型等。

6. 信息资源不稳定，具有相对无序性

互联网是开放的，通过 TCP/IP 协议将不同的网络链接起来，对网络信息资源的组织管理无统一的标准和规范。同时，信息的地址、连接及内容本身处于经常变动的状态，信息资源的变更、消亡无法预测。

7. 信息质量良莠不齐

信息发布具有很大的自由性和任意性，由于缺乏必要的过滤、质量控制和管理机制，网络信息显得繁杂、混乱，信息质量良莠不齐。学术信息、商业信息、政府信息、个人信息混为一体，一些不良信息也得以扩散，产生了一些问题。

四、网络信息资源建设

网络信息资源是图书馆的虚拟馆藏，而非图书馆实实在在拥有的实物，相对文献资源建设来说，网络信息资源建设是图书馆面临的一项艰巨的任务，如何采集、组织、开发网络信息资源是图书馆信息资源建设的重要内容。网络信息资源既包括图书馆上网发布的数字化馆藏资源，也包括从网上获取的各类信息资源。网络信息资源建设包括两个方面：①将自身资源进行数字化并上传网络；②通过网络获取别人的资源为自己的用户服务。现阶段网络信息资源建设的内容体现在以下几方面。

（一）文献资源的全文数字化

传统文献资源的全文数字化，是整个网络信息资源建设的基础。传统文献信息主要包括印刷型文献（如图书、期刊等）、缩微型文献（如胶片）、磁介质文献（如磁带、录像带）等。根据传统文献的特点和文献信息全文数字化的要求，我们要多途径逐步进行文献资源数字化建设。

作为图书馆，由于条件的限制，不可能也不必要对所有的馆藏进行数字化，必须选择一些具有特色的文献进行数字化转化。图书馆要针对现有馆藏基础、馆藏发展计划、地区性合作计划、馆藏特点等因素，确定文献资源数字化建设的具体内容，将现有馆藏文献信息有重点、有计划地进行数字化转化。馆藏文献的数字化转化还要避免低水平的重复浪费，提倡走地区性合作开发的道路。

文献资源数字化转化是图书馆文献数字化信息建设的前提。实现文献资源数字化的方式有以下几种。

1. 描录方式

图书馆将文献按原貌逐页存储为图像文件，并为其编制题名、作者、分类、主题词或关键词的索引，用户通过索引可查找所需文献并显示其所在页面的图像文件。此方式可以保持文献的原貌，制作技术相对简单，减少了文件的数据量，便于该文件的整理、存储、传递和编目。

2. 文件方式

以文件方式存储文献内容，辅之以全文检索系统构成的全文检索数据库。全文检索是指用数据库的全部字词编制索引，也可以采取逐字遍历的方式从文库中查找相应的字词，同时配以题名、作者等索引进行辅助检索，或对数据库中的人名、地名、关键词等编制规范性文档进行后控，以提高查全率和查准率。

3. 挂接方式

全文版挂接扫描版，即将上述两种存储方式结合起来。理想的制作方法是先制作文献扫描版，然后利用光学汉字识别技术将其转换为文本格式，从而建立文本与页面的一一对应关系。使用时，用户可用全文版检索特定词所在的句段，必要时可调阅该句所对应的页面文件（扫描版）观看文献的原貌。

（二）馆藏电子文献的采购

电子出版物是未来图书馆优先收藏的对象。数字化建设的经费有限，无法投入大量的人力、物力、财力进行所有馆藏资源的数字化，图书馆应有计划地采购现成的数字化馆藏电子文献资源产品，如《中国学术期刊（光盘版）》《中国学术会议论文》《中国学位论文》等，使馆藏电子文献所占比例逐步增加。这是建设数字化信息资源的有效途径。采购电子出版物时，图书馆不仅要注重各类检索性数据库的购买，更要注重全文版电子图书和报刊的采购。目前，图书馆要调整采购政策，明确电子文献的建设方向，逐年增加电子文献的专项费用，还可通过地区性联合来采购大型的电子文献数据库，丰富馆藏资源，把有限的经费用在刀刃上。由于用户从印刷型文献阅读到电子阅读的转变有一个过渡时期，而且电子文献的阅读对计算机和网络的依赖比较强，因此对于利用率高的文献，图书馆要考虑同时购置印刷版和电子版。

（三）通过网络获取信息资源

互联网现已成为全世界最大的信息资源宝库，网络为我们展示了无限的空间和资源，它所包含的信息异常丰富，可以挖掘出许多有价值的文化、商业、科技、经济等信息。图书馆应开发和利用网络信息，增加自己的馆藏资源。为用户提供"虚拟图书馆、无墙图书馆、全球图书馆"等高度资源共享的服务，是数字图书馆建设的主要任务。

互联网上的信息缺乏统一的组织和管理，信息资源是分布在整个网络中的，面对如此丰富的资源，人们往往在检索信息时感到无从下手。目前，虽然互联网已有谷歌、雅虎、百度等比较有效的搜索引擎，用户可以利用这些搜索工具寻找一些资源，但是用户受时间和接触面的限制，对网络资源了解不全。图书馆应该发挥自身优势，有重点地整理网络资源，并收入图书馆应用数据库中。目前，获取网络信息资源的途径主要有购买、租用和免费取得。获取网络信息资源的方法主要有以下几种。

1. 精心筛选信息

面对网上各种各样的信息，我们应有选择地利用，要选择对服务对象和完成自身任务有用的内容和健康的信息。

2. 网上直接取用信息

在互联网上快速浏览时，我们会遇到一些有用的信息，可以直接将这些信息转移到指定的文档中以便利用。

3. 利用搜索引擎

网络信息虽然没有进行全面组织，也没有提供题录、文摘、索引等服务，但是除了电子邮件外，均有相应的检索工具及搜索引擎。这些检索工具可以分为检索性和目录性两种。检索性工具允许用户根据检索词查找信息，适用于专题检索；目录性检索工具则要求用户按检索系统事先设定的检索路径进行查找，通过超文本链接按层次搜找，适用于宽泛检索。

4. 订阅网络电子文献

有些网络文献，特别是电子版研究刊物或资料，需要订阅后进行有偿使用。

（四）加强人才的培养和利用

随着图书馆数字化技术的发展，现代化图书馆的服务职能将由以文献馆藏为中心转变为以用户需求为中心。为了适应教学科研的发展，图书馆必须积极培养适应数字化文献和网络文献信息服务的新型人才。培养这类人才，图书馆不但需要招聘新的高校毕业生，而且需要加强对本馆现有工作人员的培训，提高他们的数字化图书馆建设意识和服务意识。这是图书馆数字化建设的要求。

（五）数据库建设

在信息资源建设中，数据库建设起着举足轻重的作用，所以我们把它单独列出来。目前国内许多图书情报机构正在建设数据库，通过图书情报网络可以统筹建设各类数据库，达到节省经费和资源共享的目的。我国的数据库建设是在 20 世纪 70 年代末伴随科技情报检索和图书馆自动化的开展而开始的，到 20 世纪 80 年代末已经初具规模。数据库建设越来越受到我国图书馆界及其他信息服务部门的重视，取得了可喜成果。

1. 书目数据库

书目数据库是文献数据库的一种，具有两种类型：文摘索引数据库和图书馆目录数据库。文摘索引数据库主要是简要通报有关领域某一个时期发表的文献，供人们查阅与检索，其内容性质与书本式文摘索引相同，为用户提供准确的文献来源信息，可准确地查找相对应的原始文献。但是，它一般不提供原始文献的馆藏信息。图书馆目录查找数据库又称为"机读目录"，主要报道和存储特定图书馆收藏的各种文献资料的书目信息和存储地址，既是一般用户查找图书馆馆藏文献的检索工具，也是图书馆重要的业务管理工具。

2. 特色数据库

特色数据库是图书馆根据本单位文献类别、类型、人力、物力等现实条件和本系统、本地区发展的信息需求，选择适合的主题，系统开发的新颖、独特的数据库。如上海图书馆的《上海之窗》《上海大观》，佛山图书馆的《多媒体房地产》，石湾图书馆的《陶瓷世界》，中山图书馆的《特色全文数据库》，辽宁省图书馆的《张学良专集》，南京图书馆的《江苏纺织服装》等。通常这类数据库的特点是图文并茂，有鲜明的地域特色和馆藏特色，视觉效果好，主题鲜明，动态更新，有特定的阅读人群。图书馆可建立本馆信息资源定位系统，使资源开发的数据库上网流通。图书馆通过网络结点在网页中介绍自己的资源特色、馆藏文献数据库和特色数据库的使用方法，利用网络优势宣传自己，必要时还可建立站点索引或搜索引擎。

第四章　图书馆文献信息资源的建设

信息时代的到来，读者需求的变化以及图书馆面临的新挑战，对图书馆的文献资源建设提出了全新的要求，图书馆文献资源建设的原则、方式、方法等，都需要与时俱进。本章分为图书馆的文献需求、图书馆文献资源的选择与采购、图书馆文献信息资源建设的内容、图书馆文献资源的配置与布局四部分。

第一节　图书馆的文献需求

一、图书馆文献需求的目的与特征

（一）图书馆文献需求的目的

图书馆是收集、整理、保存文献资料并将文献资源提供给读者使用的科学文化教育机构。其社会意义在于方便人与人之间相关知识和信息的交流。图书馆的存在使这种交流得以长久便捷地进行下去。

图书馆为了实现其社会意义，必须拥有完整、充分的文献资料。也就是说，图书馆文献需求的目的是满足图书馆发挥社会作用的需求，保障图书馆文献传播科学、文化、教育的职能的实现。

（二）图书馆文献需求的特征

图书馆的文献需求与其他机构或个人的文献需求有所不同，其特征是多方面的，宏观上突出的是其专业性和选择性。

1. 专业性

图书馆文献需求的专业性表现在诸多方面。从社会分工看，图书馆作为专业的文献收藏和提供文献服务的社会机构，其文献需求的数量、品种、专业化程度等是其他机构所不能比的；从类型看，图书馆在适应社会文献需求的过程中产生了不同类型、不同规模、不同服务功能的专业化图书馆，这些图书馆对文献需求有着自身专业的特定要求；从单个图书馆看，不论其类型或规模如何，对文献的需求都表现出专门性、系统性和完整性。

2. 选择性

图书馆文献需求的选择性表现为图书馆要选择有价值的文献和与需求相适应的文献，这种选择性反映了图书馆文献需求的价值取向。

人类在生存和发展的历史长河中，创造了难以计数的各种文献。图书馆不论过去、现在还是将来，都不可能也无必要收藏人类社会产生的所有文献。因此，图书馆必然要对社会文献进行选择。图书馆选择文献是人为的工作，自然带有社会的烙印。在社会主义条件下，图书馆需求的文献是有利于社会物质文明和精神文明发展的各种文献。

图书馆要实现自身的社会职能，就必须使收藏的文献资源被读者所使用。也就是说，馆藏文献的使用是图书馆文献需求的最高原则。为此，图书馆在文献采访工作中必须选择能满足读者需求。读者不需要或者不能被读者所使用的文献，也是图书馆不需要的文献。

二、各类型图书馆的文献需求

（一）国家图书馆的文献需求

国家图书馆是由国家建立的负责收集和保存本国出版物，担负国家总书库职能的图书馆。国家图书馆从向公众提供文献情报服务来看属于公共图书馆，但从文献收藏规模、文献收藏品种及相应社会职能等方面来看，国家图书馆与一般公共图书馆有着明显的区别。

1. 国家图书馆的类型

国家图书馆在很大程度上代表着一个国家图书馆事业的发展水平。它对本国图书馆事业的发展起着重要的作用。在国际上，国家图书馆主要有以下五种类型。

（1）公共性的中央图书馆

公共性的中央图书馆具有公共图书馆的性质，服务对象是社会公众，但在服务重点方面与一般公共图书馆不同，其侧重于为科学研究服务。如法国国家图书馆、中国国家图书馆、英国国家图书馆、澳大利亚国家图书馆等。

（2）国会图书馆兼国家图书馆

如美国国会图书馆、瑞典国会图书馆等，都具有公共图书馆的性质。除此之外，它们都设有相应的研究机构，专门为国会提供服务，同时也履行国家图书馆的职能。

（3）大学图书馆兼国家图书馆

这种类型的国家图书馆较多，如1482年建立的丹麦哥本哈根大学图书馆、1811年建立的挪威奥斯陆大学图书馆、1640年建立的芬兰赫尔辛基大学图书馆等，都是该国的国家图书馆。近些年来，有些观点认为大学图书馆同时作为国家图书馆的做法削弱了国家图书馆在全国图书馆事业中的作用。因此，有些国家已经在考虑另建国家图书馆了。

（4）科学图书馆兼国家图书馆

如罗马尼亚科学院图书馆、美国国立医学图书馆和美国国立农业图书馆等，都是事实上的国家图书馆。罗马尼亚政府于1955年在布加勒斯特另建了一所大型综合性的公共图书馆——中央图书馆，将其作为国家图书馆，但科学院图书馆仍是国家图书馆之一。

（5）档案馆兼国家图书馆

档案馆兼国家图书馆的类型出现在一些较小的国家，如巴拉圭、柬埔寨、玻利维亚、摩洛哥等。

2. 国家图书馆的职能

国际标准化组织颁布的"国家图书馆统计标准"，将国家图书馆定义为："主要是按照法律或其他规定，负责搜集和保管国内出版的所有重要出版物的副本，并且起贮藏图书馆的作用的图书馆，不管其名称如何，都是国家图书馆。它们通常也具有下述某些功能——编制全国总书目；拥有并更新大型的有代表性的外国文献馆藏；作为国家文献目录信息中心；编制联合目录；出版回溯性全国总书目。名字叫作'国家图书馆'，但其功能与上述定义不符者，则不应列入'国家图书馆'类型之中。

1976年8月，联合国教科文组织在瑞士洛桑召开了国家图书馆馆长会议，针对国家图书馆在国家信息系统和国际信息系统中的作用问题，会议通过了一项政策声明,"国家图书馆是图书馆事业的首要推动者,是各类型图书馆的领导者。国家图书馆应在全国图书馆工作的各项规划中起中心作用"。根据这项声明的精神,国家图书馆在国家信息系统中应起三个主要作用:①提供必要的中心图书馆服务;②领导国家信息系统中的图书馆成员;③积极参加国家信息系统建设,制定全面发展规划。

从世界大多数国家的实际情况看,国家图书馆的主要职能可归纳如下。

(1)国家文献资源中心

国家图书馆通过完整、系统地收集、整理和保存本国文献,成为本国文献情报的最终保障基地;通过对国外文献有重点、积极地收集,形成丰富的外文馆藏,满足国内教学、科研的需要。

(2)国家书目中心

国家图书馆因其丰富的馆藏和本国文献收藏的完备性而成为国家书目中心。国家图书馆通过编印国家书目、编制回溯性书目、编印统编卡、编制联合书目等来实现这一职能。

(3)科学情报服务中心

为科学研究提供情报信息服务,是国家图书馆的重要任务之一。国家图书馆一方面加强科学情报源的收集,另一方面设立专门的阅览、参考室,提供文献的复制、参考咨询、书目索引等服务,以满足社会对科学情报的需求。

(4)资源共享、馆际协作中心

资源共享的最高目标,是在全世界范围内实现文献的广泛流通,而馆际协作是实现资源共享的有效方法和手段。国家图书馆全面收集和保存本国出版物,大量收集与本国有关的国外出版物,因而在资源共享和馆际协作方面担负着重要职责。这种职责体现在国家图书馆担当的馆际互借、国际书刊交换、外事交流、合编书目等工作中。

(5)图书馆现代化、网络化的枢纽

图书馆现代化、网络化主要指现代通信技术、电子计算机技术、文献缩微技术、文献复印与数字化技术在图书馆中的应用。国家图书馆负有对图书馆现代技术装备进行研究、试验、运用和推广的责任,同时要建立以国家图书馆为核心的图书馆网,使全国居民都能通过这个网获得所需要的各种文献资料。我国国家图书馆正在建设的中国数字图书馆正是这一职能的体现。

3. 国家图书馆的文献需求

国家图书馆因其社会职能而对社会文献有极为强烈的需求,它所需要的文献主要包括以下几方面。

①国内出版的所有文献资料，包括各个语种、各种类型的出版物。图书馆不仅要全面收集印刷型文献，还要收集非印刷型文献，如磁带、视听媒介、缩微媒介、光盘等。

②国外出版的有关本国情况的各种文献资料。

③国际出版的有关世界的过去、现在和未来发展的各种文献，以及反映现代科技前沿、各主要学科先进水平的各种文献。

④与本国教学、科研、参考咨询相关的大型数字库。

国家图书馆在国家文献保障体系中占有重要地位，发挥着独特作用，所以其采访工作量大、专业面广、技术要求高。国家图书馆在文献的选择方面，对国内出版物要求尽可能收全；对国外出版的外文文献，要求有目的、有重点地精选。如我国国家图书馆，对外文文献按照全面、重点、适当、不宜采选四个等级进行采选，首先考虑满足党政军领导机关、科研部门和重点生产建设单位等主要服务对象的需要；对国际机构和外国政府出版物尽力采集，使之成为本馆馆藏的一个重点。在文献的获取方面，国家图书馆实行呈缴本制度，积极开展文献的国际交换。呈缴本制度保证了国家图书馆能够系统、全面地收藏本国的出版物，从而形成大规模藏书，使国家图书馆成为名副其实的国家总书库。国际文献交换是补充国家图书馆馆藏的重要方法之一。国际文献交换，不仅可以使国家图书馆获取一些难得的文献资料，还能起到增进各国人民之间的相互了解和加强友谊的作用。

（二）公共图书馆的文献需求

1. 公共图书馆的概念

国际标准化组织颁布的"国家图书馆统计标准"，将公共图书馆定义为："那些免费或只收少量费用为团体或区域的公众服务的图书馆，它们可以为一般群众服务，或为专门类别的用户服务，例如，儿童、军人、医院患者、囚犯、工人和雇员等。"

公共图书馆是由国家中央或地方政府管理、资助和支持的，免费为社会公众服务的图书馆。它可以为一般群众服务，也可以为某些特定读者服务，如儿童、工人、农民等。公共图书馆在美国、加拿大等国家主要指社区或地区图书馆，一般根据州或市的有关法令设置，由当局批准任命的地方图书馆管理机构负责管理，经费主要来源于地方政府的税收。在中国，公共图书馆主要指由国家和群众建立，为广大人民群众服务，按行政区划设置并受政府各级文化部门领导的图书馆,包括国家图书馆,省、直辖市、自治区图书馆,市、州、盟图书馆,县(区)图书馆,乡镇图书馆,街道图书馆等。

2. 公共图书馆的产生与发展

公共图书馆是人类社会文明和图书馆事业发展的产物。公共图书馆的产生可以追溯到 14 世纪欧洲文艺复兴时期,欧洲资本主义萌芽为图书馆事业的发展创造了新的条件,使图书馆冲破了文化禁锢。

历史上曾出现过一些具有公共性质的图书馆,如古罗马的公共图书馆向城市居民开放。欧洲的一些私人图书馆也向学者和部分市民开放。16 世纪上半叶,马丁·路德等人倡导的德意志城镇图书馆是为一般市民服务的。18 世纪,在英、美等国出现的会员图书馆是近代公共图书馆的前身。

真正具有现代意义的公共图书馆到 19 世纪中叶才开始出现。主要原因为:① 17 世纪英国资产阶级革命以后,资本主义的生产需要大量有文化的工人;②造纸术的发明和印刷术的完善为社会文献的需求创造了先决条件;③许多国家政府开始承担免费、义务教育的职责。公共图书馆是使图书为平民百姓所利用的最合适的场所。19 世纪下半叶,先是在英、美两国,后在其他国家兴起了近代意义的公共图书馆,其特征是:①向所有居民开放;②经费来源于地方行政机构的税收;③其设立和经营必须有法律依据。

英国的公共图书馆在议会通过公共图书馆法后获得了较大的发展,到 1900 年,英国有公共图书馆 360 所。1848 年,美国马萨诸塞州议会通过在波士顿市建立公共图书馆的法案,此后各州也纷纷通过公共图书馆法,其中纽约公共图书馆逐渐发展成为美国最大的公共图书馆。

我国的公共图书馆是在 20 世纪初出现的。19 世纪末,维新派倡导的公共藏书楼和他们建立的学会藏书楼已具有公共图书馆的性质。20 世纪初,我国出现了公共图书馆。1904 年,湖南图书馆、湖北省图书馆建立。随后,江苏、山东、陕西、浙江、河北等省都建立了公共图书馆。1910 年,清政府颁布《京师图书馆及各省图书馆通行章程》,促进了公共图书馆的建立和发展。1912 年,京师图书馆对外开放。1914 年,全国共有省级公共图书馆 18 所。中华人民共和国建立后,我国建立了全国规模的公共图书馆系统,到 2019 年,全国县以上公共图书馆共有 3196 所。

3. 公共图书馆的职能

公共图书馆担负着为科学研究服务和为大众服务两大任务,在促进国家政治、经济、科学、文化、教育事业的发展,提高全民族科学文化水平方面发挥着极为重要的作用。与其他类型的图书馆相比，公共图书馆更接近广大普通读者。对大多数读者来说，公共图书馆具有比其他类型的图书馆更加有效的教育作用。因此，公共图书馆是各类型图书馆中的骨干力量，在整个图书馆系统中占有重要地位。公共图书馆的职能可概括为以下几方面。

①国家版本和地方文献的收藏中心：各级公共图书馆都担负着收集和保存国家重要出版物，尤其是地方文献的任务，成为地方文献的重要收藏中心。

②国家书目中心：负责编辑和出版各种藏书目录和索引，为广大读者提供书目服务。

③文献借阅中心：对公众开展流通借阅和馆际互借业务。

④文献情报中心：积极开展情报工作，为科学研究和生产服务。

⑤文化教育、娱乐活动中心：通过各种方式，为读者提供文化教育、娱乐活动所需的图书资料和场所。

⑥业务辅导中心：大型公共图书馆承担指导本地区各类型图书馆（室）承担业务的职责。

⑦协作协调中心：大型公共图书馆应成为本地区各类型图书馆之间、本地区与其他地区图书馆之间在图书资源、图书馆服务方面的协作中心。

4. 公共图书馆的文献需求

公共图书馆的馆藏大多是综合性的，通常建有地方文献专藏，一些大中型公共图书馆设有分馆。公共图书馆服务对象广泛，包括各种职业、各种年龄和各种文化程度的读者。许多国家有专门的公共图书馆法，保证公民可免费获得图书馆提供的多种多样的服务，包括文献外借、阅览、参考咨询、文化活动（文献展览、报告会、讲座、电影展、音乐会等）以及为老年人、儿童和残疾人提供的专门服务等。有些公共图书馆还对边远地区的读者开展流动服务。在我国，公共图书馆担负着为科学研究服务和为大众服务的双重任务。其中省、直辖市、自治区图书馆是所在省、直辖市、自治区的藏书、目录、馆际互借和业务研究的中心，还为中小型图书馆提供业务辅导。县图书馆多为本县工人、农民、乡镇居民和少年儿童服务。大、中城市图书馆的主要任务是为城市群众服务，主要服务对象是城市中的居民。有些大城市的区图书馆藏书数十万册，它们在开展馆内流通阅览的同时，还到街道、社区开办借书站和流通点，把书送到基层，并协助和指导街道图书馆（室）建立城市基层图书馆网。公共图书馆的文献需求特点体现在以下几方面。

①藏书的综合性：藏书内容涉及各个学科、各种等级和各种类型。

②服务对象的广泛性：公共图书馆的服务对象包括各种类型、各种年龄、各种文化程度、各个民族的读者。

③业务活动范围的广泛性：这是由为大众服务和为科研服务的双重任务决定的。

公共图书馆是国家建立的、面向社会公众开放的图书馆。在我国，公共图书馆通常指各级地方政府的文化主管部门管辖的图书馆，包括省（直辖市、自治区）图书馆、市（县、区）图书馆以及儿童图书馆等。公共图书馆作为图书馆的一种类型，是以其公共性作为出发点的。各类公共图书馆，由于馆藏文献规模、担当的社会职能、服务的区域或对象的不同，文献需求也不尽相同。省（直辖市、自治区）图书馆由于文献收藏量大、品种多、服务范围广泛、专业技术强等因素，在公共图书馆系统中占有突出的地位。

5. 省级公共图书馆的文献需求

（1）省级公共图书馆的主要职能

①为本地区经济建设和科学研究提供文献资源保障。省级公共图书馆是一个省的文献情报中心，属于大型图书馆。省级公共图书馆在具备丰富、完备的文献资源前提下，通过流通阅览、馆际互借、咨询解答等服务方式，满足本地区科研、生产、建设的需求以及一般读者对文献情报的需求。

②传播科学文化知识，提高公众的科学文化水平。科学教育是所有图书馆的职能，而公共图书馆在这一点上表现得更加突出。省级图书馆因其收藏文献数量大、品种全，对于读者尤其是青少年读者有很大的吸引力，因而在传播科学文化知识，提高广大读者文化水平方面起着重要作用。

③地方文献保障中心。省级公共图书馆作为本地区文献情报中心，非常重视本地区文化典籍和地方文献的搜集、整理与保存。地方文献反映着本地区政治、经济、科学、文化等方面的情况，省级公共图书馆全面、系统地收集这方面文献，成为地方文献的收藏和查阅中心，对本地区经济发展与建设起着积极的推动作用。同时，省级公共图书馆为文献资源的合理布局，建立全国性的文献保障体系做出贡献。

④对下级图书馆进行业务指导。省级公共图书馆在公共图书馆系统中起着承上启下的作用。省级公共图书馆是本省的中心馆，承担着对下一级图书馆的业务辅导工作，同时负责组织全省公共图书馆系统人员开展图书馆理论与业务的学习和研究。

（2）省级公共图书馆的文献需求

①本地区出版的各类文献。

②文化教育、科学普及类文献。

③与经济建设、科学研究相关的各种文献。

④各种类型的参考工具书。

⑤经济建设、科学研究需要的外文文献。

（3）省级公共图书馆文献需求的特点

①采访量大。省级公共图书馆作为地区性文献保障中心，文献保存量要达到一定的规模，因而文献采访工作量相对较大。省级公共图书馆既是综合性图书馆，又是研究性图书馆。其文献采访既要多品种、多类型，满足不同读者的不同需求，又要系统、完整地对某些学科文献进行收集，适应生产建设、科学研究的需要。

②地方文献全面收集。地方文献的收藏是省级公共图书馆的重要任务，也是省级公共图书馆文献收藏的特色。省级公共图书馆对地方文献的全面收集，包括本地区出版的各类文献、国内外有关本地区社会发展的各类出版物、反映本地区历史与现状的各种非正式出版物等。

③开展本地区的协作采访。馆际合作采访是图书馆文献资源共建共享的重要一环。省级公共图书馆由于自身的区域位置、社会职能等因素，在促进馆际合作采访，促进本地区文献合理布局，提高本地区文献保障能力方面起着重要作用。

（三）高校图书馆的文献需求

高校图书馆指大学图书馆和学院图书馆。这类图书馆为本校的教学和科研服务，是高校的文献情报中心。由于高校具有多样性，如综合性大学、多学科性文科院校、理工科大学、专科院校等，因此各高校图书馆的规模、服务项目、现代化程度等都有差异。但就其性质来说，都是相同的，高校图书馆不仅是服务性的机构，还是教学与科学研究的重要学术性机构。完备、高效的图书馆已成为建设现代化大学的必要条件。

1. 高校图书馆的主要职能

①根据学校的性质和任务，采集、组织、收藏各种形式的文献资料，为教学、科研提供文献资源保障。为教学和科学研究服务是高校图书馆的工作重点。高校图书馆的文献组织、管理、服务工作紧密围绕着本校的专业设置、培养目标、教学计划、科研项目进行，以满足教学和科研对文献信息的需求。

②开展情报服务工作。情报服务是高校图书馆的一项重要职能。高校图书馆一方面开展读者教育,培养师生的情报意识和利用文献情报的技能;另一方面开展参考咨询和情报服务工作,开发文献情报资源。

③素质教育的阵地。高校图书馆不仅拥有丰富的专业文献,还能采访有利于读者全面发展的各种优秀出版物,使图书馆成为学生的第二课堂,成为对学生进行素质教育的重要阵地。

④全校文献信息中心。高校图书馆作为全校的文献情报中心,不仅具有多样化的服务功能,还具有统筹、协调全校文献情报工作的能力。一般高校的各系(院、所)都设有资料室,为本系(院、所)师生服务。学校图书馆与各系(院、所)资料室组成了联系较为紧密的全校文献情报网络。校图书馆在这个网络中起指导作用。

2. 高校图书馆的主要任务

高校图书馆是设在高等学校内,主要为本校师生服务的图书馆。高校图书馆根据本校教学和科研需要,收集、整理各种文献信息资源,使广大师生能够更好地利用它们,并且兼顾学术性和服务性,是学校的文献信息资源中心。高等学校图书馆的主要任务有以下几方面。

①高校图书馆根据学校的性质和任务,有选择地采集各种类型的文献资源,用科学的方法对它们进行分类编目与管理,为教学、科学研究提供文献资源。

②高校图书馆以教师和学生为主要服务对象,提供多种信息服务,主要有图书借阅服务,为教师指定参考书并设有专门的教师阅览室,同时还为师生建立开放式的网络化环境。

③高校图书馆开展读者培训教育,培养师生的信息需求意识和利用文献信息的技能。我国有条件的大学都为学生开设了"计算机文献信息检索与利用"课。高校图书馆还为师生提供有关计算机方面的知识,教授他们如何利用计算机在网络查找文献资料,提高了读者查找文献信息的能力。

1956年,教育部曾拟订了《中华人民共和国高等学校图书馆试行条例(草案)》,总结了高校图书馆工作的经验,对高校图书馆的性质、任务及组织机构等问题做了明确的阐述和规定。1981年,教育部又对其进行修订,正式颁布了《中华人民共和国高等学校图书馆工作条例》(简称"《条例》")。1987年教育部对该《条例》再次修订并改名为《普通高等学校图书馆规程》(简称"《规程》")。《规程》共6章36条,包括性质和任务,业务工作,领导体制和组织机构,工作人员,经费、馆舍、设备,附则等内容。

《规程》指出:"高等学校图书馆是学校的文献情报中心,是为教学和科学研究服务的学术性机构,图书馆工作是学校教学和科学研究工作的重要组成部分。"《规程》规定的高校图书馆的主要任务包括:①采集各种类型的文献资料,进行科学的加工整序和管理,为学校的教学和科学研究工作提供文献情报保障;②开展流通阅览和读者辅导工作;③开展读者教育,培养师生的情报意识和利用文献情报的技能;④开发文献情报资源,开展参考咨询和情报服务工作;⑤统筹、协调全校的文献情报工作;⑥参加图书情报事业的整体化建设,开展多方面的协作,实行资源共享;⑦开展学术研究和交流活动。

3. 高校图书馆的特点

(1) 读者需求的稳定性

高校的主要任务是向学生系统地传授专业知识,所以教学内容具有相对稳定性,加上专业设置和教学计划也比较稳定,因此读者对教学参考书的品种和数量的需求是经常性的、比较稳定的。

(2) 读者用书的集中性

由于教学按教学计划、教学大纲进行,有统一的进度,读者用书因此具有较强的集中性:①用书的品种集中在正在进行教学的有关课程的主要参考书上;②读者使用教学参考书的时间比较集中。因此,图书馆对需求量大的参考书一般要保证一定的复本量。

(3) 文献资源建设的专业性

高校图书馆文献的收集和组织管理应适应本校的特点。在文献收集上高校图书馆要以本校专业设置和科学研究项目为依据,全面收藏专业文献,重点收藏相关学科和边缘学科的文献,适当收藏一般文献。藏书要能反映当代科学发展水平。在对文献的组织管理上,高校图书馆可根据本校情况划分为文科、理科书库及阅览室,也可按专业类型组织藏书和划分阅览室,还可按教师、研究生、本科生等不同群体来分别设置阅览室或图书馆(分馆)。在美国等西方国家,高校图书馆考虑到本科生、研究生、教师在文献需求和利用上的区别,常单独设立本科生图书馆,集中收藏那些利用率较高、复本较多的常用教学参考文献。这样做的优点是使不同读者分流,减少相互干扰,提高图书馆工作效率。

(4) 校、系图书馆协调配合

学校图书馆与系(院、所)图书馆(资料室)须互相配合,各负其责。学校图书馆一般收藏各个专业的基本理论著作、各科综合性文献、新兴学科的文献和各种参考工具书,并适当收藏供课外阅读的书刊。系(院、所)图书馆(资料室）主要收藏专业资料，尤其是较专深的专业资料和各种工具书。

4.高校图书馆的文献需求

①与本校教学相关的各种文献资料。

②本校科学研究必备的各种文献情报。

③与学生素质教育相关的各种优秀读物。

④教职工需要的其他读物。

5.高校图书馆的文献需求特点

（1）经费充足，采访工作量大

高校对图书馆的建设一般都比较重视，文献资料的重要性逐步得到认同。高校图书馆的现代化程度高于全国图书馆的整体水平。高校图书馆的文献采购量较大，主要原因有以下几点：①适应高校各专业设置的需要；②学生读者需求量大；③文献使用率较高，缩短了文献更新和补充的周期；④学校重视对图书馆的建设，投入的采购经费充足。

（2）读者稳定，计划性强

高校图书馆的读者对象主要是学生和教师，读者需求相对稳定。高校的教学任务主要是向学生系统地传授专业知识，其课程、内容、体系等相对稳定，专业设置和教学计划也有一定的稳定期。因此，读者对教学参考用书的品种和数量的需求也是比较稳定的。这种稳定性要求图书馆的文献采访工作须增强自身的计划性，合理安排采访文献的品种、数量和时间，以满足教学的要求。

（3）文献专业性、学术性要求高

高校图书馆的一切工作都围绕着本校教学和科研工作这个中心来开展，对与本校各专业设置相关的文献全面采访，对相关学科和边缘学科文献重点采访，对一般文献适当采访。高校图书馆还非常重视对某些基础理论、尖端科学和不同学派、不同观点的学术著作的采访，更重视对专业性期刊的采访。

（四）科学、专业图书馆的文献需求

科学、专业图书馆属于专门性图书馆，往往是本专业的信息中心。这种专门图书馆，是依靠一些专门人才及其所掌握的专业知识，用科学的方法搜集、整理、保存、提供信息资料的机构。科学、专业图书馆是以科学研究人员和工程技术人员为读者对象，以专、深、新、精的文献为科学研究和生产技术开发服务的图书馆。

在我国，科学、专业图书馆的种类多、数量多、馆藏文献专深。科学、专

业图书馆是按专业和系统组织起来的，在一个专业或系统内，形成上下沟通、联系紧密的图书馆体系。

1. 科学、专业图书馆的类型

科学、专业图书馆的类型很多，有综合性的，也有专科性的。在我国，科学、专业图书馆主要包括中国科学院系统图书馆、中国社会科学院系统图书馆、中国农业科学院系统图书馆、中国医学科学院系统图书馆、中国地质科学院系统图书馆、中医研究院系统图书馆、政府部门所属研究院（所）图书馆、大型厂矿企业的技术图书馆以及其他专业性图书馆。

在科学、专业图书馆中，历史较久、规模较大的中国科学院文献情报中心、中国农业科学院科技文献信息中心、中国医学科学院医学信息研究所、中国中医科学院中医药信息研究所等，是本系统的中心图书馆，在外文书刊的采购、文献调拨、编制联合目录、馆际协作、图书馆自动化、干部培训等方面，起着组织和推动的作用。

2000年7月28日，中国科学技术信息研究所联合机械工业信息研究院、冶金工业信息标准研究院、中国化工信息中心，采用虚拟方式组建的国家工程技术图书馆在北京宣告成立。国家工程技术图书馆是国家科技图书文献中心的重要组成部分，是国家科技图书文献中心的国家级专业图书馆之一。其宗旨是根据国家发展需要，科学、完整地收藏工程技术领域的科技文献资源，运用先进技术手段，促进文献信息的加工利用并面向全国提供文献信息服务。

2. 科学、专业图书馆的性质和任务

国外有些科学图书馆是公共性质的专业图书馆，主要任务是为科学研究服务，广泛开展科学信息活动，收集和提供最新信息资料。在我国，科学、专业图书馆都不是公共性质的，而是隶属于各类科学研究机构。

科学、专业图书馆是我国图书馆体系的重要组成部分，在为科学研究服务方面起着"耳目""尖兵"和"参谋"的作用。

3. 科学、专业图书馆的文献需求特点

科学、专业图书馆在规模上并不一致，在馆藏文献范围上有综合性和专科性的区别。但是从类型角度考察，它们具有一些共同特点。

（1）文献信息一体化

文献信息一体化是科学、专业图书馆的特点之一。文献与信息本来共存于图书馆之中，二者存在密切的内在联系。图书馆是收藏、管理和传播文献资料的知识宝库，科技信息单位是提取、研究和加工文献资料所含信息的服务中心。

二者都是以文献资源为工作对象，都采用从搜集到利用的技术方法，都服务于读者或用户，都是为了达到继承人类知识成果的目的。尽管专业图书馆工作与科技信息工作在为科学研究服务的广度、深度、方式和手段等方面还存在差异，但是它们在工作内容和工作方法上具有相似的程序，即重视科技文献信息的搜集、加工、分析、报道、检索和提供。

（2）服务方式多样化

服务是一切图书馆的共性，而服务方式多样化则是科学、专业图书馆的特点。科学、专业图书馆的服务方式早已突破单一的借阅形式，重点在于各种信息服务项目，如开展文献信息定题跟踪报道、受理大宗专题回溯检索、科技查新、编制各种推荐性和参考性的书目索引等。

（3）馆藏文献专业化

科学、专业图书馆的馆藏文献大都反映出学科的专业性。学科的基本理论著作，特别是最新科学著作是收藏的重点。科学、专业图书馆所藏国外文献占有较大的比重，其中又以国外期刊为重点。凡与本单位科研方向和任务有关的文献资料都要系统搜集，与学科相关的文献资料也要根据需要予以搜集。图书馆对于能够成为信息源的文献资料要格外重视，这部分文献资料老化周期短，因而馆藏新陈代谢较快。

（4）用户知识专深化

科学、专业图书馆的服务对象主要是本系统、本单位的科研和工程技术人员。根据科研工作的特点，文献资源建设工作必须走在科研工作的前面，要求广、快、精、准地提供文献资料，发挥促进科研工作开展的作用。为此，文献信息人员要加强对信息的分析研究，掌握国内外的专业研究情况、动向以及科研人员的实际需要，紧密配合科研任务，采取多种方式提供有效的服务。此外，科学、专业图书馆的读者具有比较专深的知识和一定的外语水平，他们的研究课题专业性强，对文献资料的要求全面而系统，需要的外文文献所占的比重大，要求图书馆的工作人员必须具有较高的外语水平和文献信息知识水平。

（五）专门图书馆的文献需求

专门图书馆指收集和组织专门领域的文献，为特定读者群服务的图书馆。包括机关图书馆（立法机关和政府机关等）、研究机构图书馆、公司企业图书馆、事业单位图书馆、军事单位图书馆、医院图书馆、宗教图书馆等。专门图书馆门类多、数量多、分布广、藏书专，既有综合性的，也有专科性的；既有大型的，也有中小型的。其中，研究机构图书馆占有重要位置。在我国，较为重要的研究机构图书馆有中国科学院文献情报中心、中国社会科学院文献情报中心、中国农业科学院图书馆、中国医学科学院图书馆等。专门图书馆虽然门类多样、规模不一，但仍有一些共同之处。

1. 专门图书馆的主要职能

①紧密结合本单位或本系统的工作任务，收集、组织、储存各种文献资料，满足本单位各项工作，如科学研究、生产建设、政策咨询等对文献情报的需求。向本单位或本系统读者提供各种文献服务，满足读者对文献的需求。

②开展情报服务。情报服务是专门图书馆的重要职能，对于研究机构图书馆来说尤其如此。具有一定规模的专门图书馆一般都结合本单位单个或多个研究领域，调研国内外科学技术发展的情况和趋势，收集、分析国内外科学情报，不断向科研人员和领导部门提供分析报告和有科学价值的情报资料。

③组织情报交流，宣传报道国内外最新科学理论和技术，编译出版相关的刊物，以此推动本单位、本系统研究的发展。

2. 专门图书馆的文献需求

①本单位、本系统科学研究、生产建设、政策咨询必备的各种文献资料。

②与本馆文献收藏专业相关的文献资料。

③开展文献情报服务所需的各种文献情报。

④本单位、本系统读者对文献资料的特殊需求。

3. 专门图书馆的文献特点

专门图书馆一般收藏有关某一领域如自然科学、社会科学、农业、医学、工程、法律等学科的文献资料。其采访文献的特点是"专""新""精""全"。

所谓"专"，指专门图书馆采访文献的专业性。专门图书馆的采访工作严格按照本单位、本系统科研、生产的需要进行，其文献选择目标明确，具有明显的专业特征。

所谓"新"，指专门图书馆采访文献追求快和新。专门图书馆要求采访的文献能够快速反应国内外最新科学理论和科技成果。研究机构图书馆对国外的文献情报特别重视，其外文资料和连续出版物的采访比重较高。

所谓"精"，指专门图书馆在文献选择时要求高。专门图书馆的采访重点是专业性文献，要求采访人员精选本专业的各种文献，严格执行文献的收藏标准。

所谓"全"，指专门图书馆对本单位、本系统需求的文献力求收全。凡是本单位、本系统需要的文献，都要尽可能收全。为保证馆藏的完备性，专门图书馆一般都比较重视文献的交换工作，通过交换获得一些难得的文献。

第二节 图书馆文献资源的选择与采购

一、需求信息调研

（一）图书馆馆需求调研

作为图书馆的文献采访人员，在购置文献资源前，首先要准确掌握本馆的性质、任务、目标和服务重点，并在此基础上确定本馆的文献采访范围、重点、特色和结构。例如，学校图书馆要定期了解学校学科建设情况，了解学校专业设置、课程安排和教学参考书目，了解本校教师科研情况，及时掌握学校的发展动态及规划，了解是否新增或停办某些专业，哪些学科上升为国家级、省级和校级重点学科，并以此作为文献采访的参考依据。同时，采访人员还要根据本馆的发展规划、经济实力、读者人数以及完成本馆任务、目标所需的文献保障，确定适当的文献采访规模。

（二）读者需求调研

读者需求调研，主要指开展对读者文献资源需求的调查研究，这是提高文献收藏质量和效益的重要环节。调查方式可采用书面调查、网上调查、询问调查和座谈讨论等方法。具体措施如下：

①文献采访人员通过听取、征询馆内书刊阅览部、用户服务部等读者服务部门的意见，了解本馆馆藏文献的利用情况，从而掌握读者的文献需求。

②定期召开读者座谈会。这是了解读者需求最直接有效的调查手段之一，可针对不同的读者群体如本科生、研究生、普通教师、专家学者等召开不同层次、不同范围的座谈会，从而满足读者的文献需要。

③印发文献利用调查表。表格的内容可包括以下一些项目：读者姓名、年龄、职称、学历、专业，经常使用哪些图书、期刊、电子资源，对馆藏文献购置的意见和建议等。通过分析研究收回的调查表，图书馆能了解读者利用文献的规律，并直接获得读者的意见和建议。

④深入基层调研。图书馆深入相关单位征求读者意见，请相关学科的专家学者荐购文献。

⑤通过开发文献资源荐购平台，广泛征求读者意见。为建立读者和图书馆之间的桥梁，让读者真正参与图书馆馆藏文献资源建设，让采访人员了解读者

需求，图书馆应开发基于网络的文献资源荐购平台，通过该平台发布馆藏已有的图书、期刊、报纸、电子图书、数据库等资源信息，使读者有针对性地评价已购文献资源，推荐新的文献资源。对于新增和停购的文献资源，图书馆应有充分的依据，并多方征询读者和读者服务窗口馆员的意见，避免随意性。

（三）馆藏信息调研

首先，要对本馆馆藏文献的收藏情况有总体了解。例如，本馆图书、期刊的收藏重点和收藏特色，目前收藏的中外文图书种数和册数，中外文期刊种数和册数，馆藏中外文图书和中外文期刊的大致比例，电子图书与印刷型图书、电子期刊与印刷型期刊的大致比例等。

其次，要统计馆藏文献的利用率。图书馆的文献资源建设应充分考虑本地区的教学、科研和经济文化的需要，要具有相对稳定的学科范围和读者范围。通过统计分析馆藏不同类型的文献利用情况，图书馆可以将相关文献利用率指标作为确定该种文献是否订购的依据。

最后，对馆藏文献资源进行分类、比较、研究和总结。通过对馆藏文献的全面分析，我们可以了解馆藏图书、期刊的特色，了解各个学科、专业是否都有一定数量的图书、期刊作为文献保障，重点学科是否得到资源倾斜，馆藏图书、期刊是否存在学科分布不均衡现象等。

（四）其他图书馆文献资源状况调研

由于经费的限制，任何图书馆的馆藏资源都不可能实现"大而全""小而全"，必须通过其他方式进行馆藏补充。目前，图书馆较好的补充方式就是资源共享，特别是与本地区其他图书馆的资源共享。图书馆对本地区其他图书馆的馆藏资源结构、特色、规模、收藏重点等情况进行全面的了解，将有利于采访人员有针对性地收集文献资源，避免重复浪费。

（五）出版信息调研

中文报刊最主要的征订目录是每年秋季邮局印发的下一年度《报刊简明目录》，各联合征订发行商和自办发行的期刊也会向图书馆邮寄征订目录、订单或样刊。图书馆在订购时一般参考《中文核心期刊要目总览》《中国报刊大全》《中国期刊目录》《中文期刊大词典》等工具书及《中文社会科学引文索引（CSSCI）》《中国科学引文数据库（CSCD）》等期刊数据库，并以此作为选择依据。

外文期刊征订的依据主要是中图公司、教图公司、世界图书出版公司等代理商印发的《外国报刊目录》，图书馆一般在每年夏天收到。近年来，中图公司、教图公司、刊林、华教快捷等期刊发行商都建立网站，用户在网上可了解期刊征订信息。图书馆在订购时一般参考《乌利希国际期刊指南》《国外科学技术核心期刊总览》等工具书。

中文图书征订的主要依据是《全国新书目》《社科新书目》《科技新书目》《全国地方版科技新书目》等。近年来，这些书目都可以通过相关网站了解并下载。随着网络的发展，很多书商为提高到货率，开始自己想办法尽早获得各出版社的准确信息并制作更为个性化的新书机读目录，及时提供给图书馆进行批量查重和采选。越来越多的出版社，通过自己的网站发布新书信息，或者通过更加快捷的电子邮件、QQ、微信等方式发布新书信息并为书商或图书馆提供机读目录。图书馆采访部门所能获得的出版信息越来越准确和迅速。

外文图书的征订依据以中国图书进出口（集团）总公司和中国教育图书进出口公司自行编制的《外国社会科学新书目》《外国科学技术新书目》《外国学术团体新书目》《外国高科技文献新书目》等为主。近年来，随着网络发展，很多图书馆通过中图公司、教图公司、中国国际图书贸易总公司的公司网站获取外文原版图书的出版发行信息。由于外文图书价格昂贵，图书馆一般以读者推荐为主要选择依据。为了更好地服务于读者，中国图书进出口公司开发了"中国海外图书采选系统"，不仅为图书馆采访人员提供更加及时的出版信息，还改变了传统手工操作的图书馆外文图书采访工作模式，利用现代信息与网络技术建立符合本馆发展要求的个性化工作平台。

声像资源、电子资源、网络资源由于其特殊性，出版发行信息主要来源于新闻媒体、出版发行商的推广宣传等。图书馆在选择时一般要考虑其价值和影响。如声像资源，很多图书馆选择中央电视台《百家讲坛》《世纪大讲堂》等系列光盘；数据库资源，很多图书馆采用集团采购的方式，选购适合本单位的重要数据库。

图书馆要全面掌握出版信息，健全图书、期刊供应信息的流通机制，需要做到以下几方面：一是要与图书、期刊出版发行部门或经营商建立新型的信息共享关系，确保信息的完整性、准确性、可靠性和信息传递的顺畅性、时效性。二是要运用信息技术和各种媒体，从书刊、网页、手机等媒介采集与传递图书、期刊供应信息，从而广泛地了解图书、期刊的出版发行动态。三是要加强与其他图书馆之间的信息交流与协作，共享信息资源。四是要健全图书、期刊需求信息的流通机制，加强采访人员与读者的信息交流，使图书、期刊的需求信息能及时传递给采访人员，有时读者也会推荐一些采访人员未了解的新书刊。

二、采访原则

图书馆文献采访的基本任务是为教学、科研服务，满足读者文献资源的需求，因此图书馆必须结合本馆的发展规划，按照本馆文献资源建设的要求制定科学的采访原则。科学的采访原则是做好采访工作的基础。在新形势下，图书馆采访工作应该遵循以下原则。

（一）实用性原则

文献采访应以学科专业的设置及主要科研方向为依据，尽可能使采访的文献符合实际需要，满足读者的阅读需求，为读者自身素质的提高和更好地完成科研工作提供丰富的专业文献资源。图书馆根据专业设置和读者需求的变化，不断调整采购重点，最大限度满足读者对文献的需求。原版外文图书的采购可实行"一对一"的采访原则，即为人订书和为书找人，有重点地选择一些有关专业的科研项目及重点专业，根据它们的要求选书，书到馆后及时为书找人。这种做法使文献资源最大限度地发挥了使用效益。

（二）系统性与完整性原则

系统性要求采购的书刊资料要相互联系、有比例、成体系。完整性要求采购的书刊资料不缺不漏。图书馆采访工作要坚持长期性、及时性。避免乱采乱购、毫无计划、随意中断是保证采访工作系统性和完整性的关键。

（三）时效性原则

图书和期刊都具有时效性，这就要求采访人员必须通过各种渠道采购最新的文献，时刻把握保证学术价值和适合专业读者需求的标准。一方面，图书馆对时效性强的文献应尽快采购最新版本并随时剔旧，尽量用电子文献去代替，以节省经费。另一方面，图书馆对一些学术价值高、时效性差的文献应努力收集齐全。

（四）高质量原则

随着文献出版发行量的剧增，不同的文献其内容价值、印刷质量和服务质量参差不齐。在采访时，相关人员一方面要注意出版单位、著作人、主编人等信息，另一方面要选择好的书商，包括它的规模、信誉度、到书率、到书时间、服务质量和组织图书的能力等。目前，各图书馆合作书商都是通过招投标方式确定的，图书选择以知名出版社和特色出版社为重点，著作人、主编人一般以相关学科的专家学者为选择重点。

（五）满足需求原则

满足读者需求是图书馆采访工作的根本所在。图书馆在购买文献时，要满足不同层次读者对不同学术价值文献资源的要求。文献的读者人数一般是随着学术水平的提高而减少的，读者对文献资源品种和数量的需求是随着学术水平的提高而提高的。因此，在经费有限的情况下，图书馆应合理制定图书复本量，针对不同的读者群体购买不同学术价值的图书、期刊、电子资源等，不能千篇一律。

三、采访方式

随着科技、网络、信息的发展，我国的出版发行事业有了长足进步，图书发行经营方式由原来的国有转为国有、集体、个体三者并存，图书馆采购书刊从原来较传统的预订、邮购方式发展为订购、函购及网上订购、图书现采等多渠道的采购方式，建立了畅通的、快捷的渠道。

目前，各图书馆的采访方式主要有预订、现采、网购、函购、受赠、集团购买、交换、呈缴等。

（一）预订

预订是图书馆长期以来图书采访的主要方式之一，图书馆经常会收到来自出版社或书商的图书征订目录。这些目录提供了广泛、便捷、具有多种用途的书目服务，也是图书馆采访与了解出版动态不可缺少的工具。预订图书能使图书馆有计划地补充适合需要的图书资料，保证采访图书的品种与数量。但是，由于看到的信息内容与实际有差距，预订不能完全保证采购图书的质量，而且预订图书到书时间比较滞后。

（二）现采

现场采购是近年来图书采访的主要方式之一。图书馆根据馆藏需求，选择资质、信誉好的图书经营商，由图书经营商组织采访人员到全国性书市、有大卖场的书店、出版社样本间、图书经营商的仓库等地方进行现场查重和采购。这种方法简单易行，能直接鉴别图书的质量，从而决定取舍，可以弥补预订方式的不足。尤其是国内各大出版社，对于样本间的建设越来越完善，图书馆采访人员到出版社样本间采集样书信息，收获通常都很大。由于现采有更好的直观性和及时性,目前许多图书馆正在逐步加大图书现采的力度。但是现采这种采购形式对书商提供的现货过于依赖,且差旅费支出较大,图书馆需要有选择地参加有特色的或对口的现采活动,并将现采与预订有机结合,互为补充。

(三)网购

网上购买是近年来图书补充采购的主要方式之一。图书采访人员通过网络这种便捷工具在网上书店进行选书、数据传送、订单传递和付款。它不仅极大地提高了图书订购速度,还缩短了到书周期。对于读者荐购的急需文献及本馆缺藏的必藏文献,图书馆常常通过网上书店如当当网、亚马逊等直接下订单购买,这种方式购买的图书一般在1~3天内就会到货,非常便捷。外文原版图书在亚马逊购买通常比在国内进出口公司订购价格更加优惠、到货速度更快。

(四)函购

函购是依据书刊广告、消息等以信函方式购买书刊的工作方式,它是补充采访的一种辅助性方法。对一些作者自费出书或非出版社编印的内部资料如会议文集等,可采取函购方式,但不宜大量采用。

(五)受赠

图书馆对国内外友好单位或个人免费赠阅的图书有选择地收藏。外文原版图书的高昂价格,使众多图书馆望而却步,外文图书的馆藏由此成为各图书馆的一块心病。一方面是经费紧张,外文图书收藏困难,另一方面是本馆外文读者的求书若渴。为缓解这一压力,让本馆外文读者有书读、有书借,各大图书馆积极寻找对策,广辟来源。目前,国内图书馆主要通过设立在上海外国语大学、上海同济大学、中国海洋大学、大连理工大学的"美国亚洲基金会""美国亚洲之桥基金会"等原版图书赠送点获取外文图书,也有许多图书馆直接接受国外校友或友人的捐赠。

(六)集团购买

集团购买是目前采购电子资源、网络资源特别是外文数据库最重要的方式之一。图书馆以参团的方式加入某个组织,如中国高等教育文献资源保障中心、各省图书馆工作委员会等,再由这个组织以集团的方式与经销商谈判,以相对较低的价格购买使用权。通过集团购买,图书馆可以节约经费,以较低的价格享受较高价值的资源。CALS中心经常组织全国的高校图书馆购买大型外文数据库,各省、市(数字)图书馆工作委员会也经常组织本省、市图书馆购买中文数据库,个别地区图书馆也进行地区自由组团购买。

(七)交换

交换是图书馆获得内部书刊、珍贵资料的主要来源之一。它主要在两个单位之间进行,如图书馆与图书馆之间、图书馆与其他出版单位之间,达到互通有无、调剂余缺、丰富馆藏的目的。目前,期刊特别是学报是各图书馆利用交换方式获得的主要资源。

第三节 图书馆文献信息资源建设的内容

一、文献信息资源建设概述

(一)文献信息资源建设的含义

文献信息资源建设就是依据文献信息服务机构的服务任务、服务对象以及整个社会的文献资源需求,系统地规划、选择、收集、组织管理文献资源,建立具有特定功能的文献资源结构体系的全过程。换言之,就是图书馆及其他文献情报机构对文献资源进行有计划的积累和合理布局,以满足、保障社会发展和国家建设对文献资源需要的全部活动。

文献资源作为一种知识资源和智力资源,不是天然存在的,而是需要人们去积累和建设的。文献资源是图书情报部门和各类文献服务机构赖以生存的物质条件,也是宝贵的人类文化遗产。现代社会,随着科学技术和社会文化的高度发展,社会的文献数量爆炸式增长,文献信息类型多种多样。图书馆要开发和利用文献资源,就要将分散的、无序的文献信息建设成有序的整体系统,建设是开发的前提,没有对文献资源的建设,就谈不上开发和利用。所以说,文献信息资源建设是一项极为重要的基础建设工作,是文献情报事业的重要组成部分,也是现代图书馆学、情报学、文献学的分支学科。

文献信息资源建设一般包括两方面内容:一是各个文献情报机构对文献的收集、组织、管理、贮存等工作;二是一个国家、地区乃至国际间众多文献情报机构对现有文献资源进行规划和协作,形成整体资源优势,在宏观上制定目标和规划,指导各文献情报机构的文献收集工作,突出各自优势,形成比较完备的收藏体系,并将其作为集体的资源共同享用,从而建立一定范围内的文献资源保障体制。

（二）文献资源建设与藏书建设的联系

图书馆藏书是一个集合概念，是指图书馆收集、整理、保存并为读者所利用的各种文献的总和。藏书建设是一个在中国比较通用的图书馆专业术语，在外国通常称为馆藏建设或馆藏发展。藏书建设的概念是由古代藏书采访演变而成的一个现代图书馆学专业术语。

20世纪50年代初，随着图书馆事业的发展，"藏书采访"一词已不能充分概括图书馆对文献进行选择、收集、组织管理等工作的全过程。因此在我国图书馆界出现了"图书采购补充""藏书补充""藏书组织"和"藏书建设"等专业术语，此时"藏书建设"基本上是"藏书补充""藏书采访"的同义词。20世纪60年代，"藏书建设"这个词开始被赋予新的含义，表示从藏书补充到藏书组织的整个过程。从此，藏书建设开始逐渐取代藏书采访这一术语。20世纪70年代以后，藏书建设的内涵和外延都有了进一步发展，藏书建设已形成比较完整的系统概念。所谓藏书建设，就是图书馆根据自身的性质、任务和读者需求，制定相应的政策，系统地、有计划地、科学地组织和发展藏书体系的全过程。

"文献资源建设"是从"藏书建设"演变而来的。20世纪70年代末—20世纪80年代初，随着我国经济建设的迅速发展，社会对文献信息的需求量和社会文献的出版量都越来越大。20世纪50年代全世界每年出版图书28万种，期刊2万种。到了20世纪80年代初，全世界每年出版图书70多万种，期刊6.5万种，分别增长了1.5倍和2.25倍。我国也认识到社会经济的发展和科学文化的发展离不开文献，文献已成为促进经济建设、科学研究及文化发展的一种重要资源。在这样的历史条件下，文献资源和文献资源建设的概念便应运而生了。

文献资源建设的概念及其理论的提出是我国图书馆学和文献学理论研究的一大突破，具有重要的理论与实践意义。文献资源建设能更好地概括文献的本质，反映文献信息工作的实际。"文献资源建设"与"图书馆藏书建设"相比，其工作的立足点更高，涵盖面更广。这有利于文献情报机构摆脱"小而全""大而全""部门所有制"等一系列束缚，帮助各馆走出藏书建设的困境，使其最终成为整个社会文献资源保障体系中的重要组成部分，使"馆藏"变为"国藏"，使文献资源建设走上跨地域、跨国界共建共享的轨道。图书馆藏书建设转变为文献资源建设，不仅反映了文献资源建设实践活动的丰富和理论研究的成熟，也反映了人们思想观念和认识水平的飞跃，同时也是图书、文献信息工作一体化发展趋势在这一领域的集中体现。

文献资源建设与藏书建设既有区别，又有联系。藏书建设是文献资源建设的分支，一般指具体文献部门对藏书的规划、组织、发展、采选、评价、剔除等工作；而文献资源建设这一概念主要用于图书馆对跨部门、跨地区的全局性文献的宏观规划、组织、布局、协作、协调等方面。

（三）文献资源建设与文献信息资源建设的关系

20世纪90年代以后，随着信息环境的巨大变化，特别是网络的迅速发展，文献资源建设的实践内容发生了重要变化。首先，图书馆用以提供服务的资源，已不再局限于馆藏的物理形态的文献，各种形式的电子化、数字化的信息迅速涌入图书馆。文献资源只是多种形式的信息资源中的一种类型，尽管它在大多数图书馆仍然是主要的信息资源类型。显然，对数字化信息的生产、组织、加工、存储等工作内容不是"文献资源建设"所能涵盖的。其次，文献资源所关注的主要是图书馆"拥有"的实体馆藏，而在网络环境中，读者获取信息却不一定依赖实体馆藏。因为互联网将不同系统的图书馆连为一体，读者通过网络可以方便快捷地获取本馆缺乏的信息。因此，图书馆的资源结构发生了变化，由单一的实体馆藏变成了实体馆藏加虚拟馆藏。显然，虚拟馆藏建设是原来的文献资源建设概念难以涵盖的。最后，文献资源建设已经注意到文献资源保障体系建设和资源共享的问题，但只有在网络环境中借助于先进的信息生产、存储与传递技术，才能最大限度地实现信息资源共建、共知和共享，真正建立一个无比丰富的信息资源保障体系。显然文献资源建设理论很难解决信息资源的共建、共知和共享问题。正是由于上述原因，人们认识到文献资源建设有必要突破原来的概念和理论框架，加以丰富和发展，于是文献信息资源建设理论便浮出水面。

文献信息资源是经过人类采集、开发并组织的各种媒介信息的有机集合。文献信息资源建设是人类对处于无序状态的各种媒介信息进行有机集合、开发、组织的活动。因此，网络环境下的文献信息资源建设既包括文献资源建设，也包括电子信息资源及数据库资源建设，还包括对网络信息资源的开发、组织和利用。

文献信息资源建设要比文献资源建设内容宽泛得多，复杂得多。只有将文献资源建设、电子资源建设与网络资源建设有机地结合起来，才是完整的文献信息资源建设。

文献信息资源建设与文献资源建设、藏书建设是递进包容关系。文献信息资源建设犹如一级类目，属于宏观层面；文献资源建设犹如二级类目，属于中观层面；藏书建设犹如三级类目，属于微观层面。文献资源建设尽管失去了"统帅"地位，但其作用并未削弱，而且只能加强不能削弱，因为网络环境下更需要文献资源的整体化建设，同时图书馆也有条件比过去做得更好。而微观层次的藏书建设则是宏观和中观建设的基础。因此，三者各司其职，每一个概念都有其特定的含义。

二、文献信息资源建设的内容

文献资源作为一种知识和智力资源，不是天然存在的，而是需要人们去积累和建设的。文献信息资源建设一般包括宏观和微观两个方面，宏观文献信息资源建设和微观文献信息资源建设之间是辩证统一的关系，微观建设需要宏观建设的指导，宏观建设需要微观建设的发展。微观文献信息资源建设是宏观文献信息资源建设不可分割的组成部分。

（一）宏观文献信息资源建设的内容

宏观文献信息资源建设一般包括以下几个方面内容。

①宏观规划确定目标。宏观规划，就是从一个系统、一个地区，乃至全国的整体出发，对文献信息资源建设进行统筹规划、合理布局，在各文献情报单位之间进行文献收集、存储和开发利用方面的协调规划，从而形成相互依存、相互联系的整体化、综合化文献信息资源建设，解决文献信息资源建设中根本性、全局性和长远性的问题。长期规划，通常有三年规划、五年规划等，主要用于确定规划期内文献信息资源建设的发展目标、任务、实现的途径、预期达到的成果。

②资源状态调查分析，即对各地区、各系统、各文献单位现有文献资源状况进行调查、分析和研究。其主要是对一定范围内所藏文献信息的类型、学科、语种、数量、分布情况、文献利用情况、对文献资源研究的保障和支持情况、各收藏单位的收藏重点与所形成的特色等进行详细的调查，并对此进行分析研究，为制定文献信息资源建设的规划提供参考或建议。

③建立管理协调机构。建立文献信息资源建设的管理与协调机构，是整体化文献信息资源建设的前提条件，无论是国家的管理协调机构还是地区性的管理协调机构，都必须具有权威性和协调能力，同时还要按系统或地区确定管理协调机构的成员单位，以便建立各种协调、协作的工作关系。管理协调机构对参加单位的数量在原则上不做限制，但重点单位应该是具有一定收藏特色的文献情报机构。各参加单位一般都要订立协议，确定文献收集的分工合作、资金

分配、馆际互借、资源共享等权利与义务。管理协调机构应有适当的经费资助，但不能减少各馆本身的经费或其他渠道的经费。

④制订计划，合理布局。在开展文献资源调查研究的基础上，在综合考虑文献资源现状、文献需求状况以及其他可能条件的情况下，图书馆提出文献信息资源建设的计划、目标和采用的布局模式。

⑤合作采集，分工收藏。进行文献合作采集或分担收集工作，是文献信息资源建设的一项主要内容。此外文献资源信息建设还必须开展相应活动。例如，确立文献寄存制度，建立贮存图书馆，编制联合目录或建立计算机联机联合目录数据库，建立计算机化的文献采购系统、文献检索系统、馆际互借系统等。

⑥开发利用，资源共享。文献资源的开发利用和资源共享活动，包括文献报道、查询、阅览、复制，以及文献检索、参考咨询、综合评述、文献资源共享等。

⑦资源建设评估评价。图书馆要定期进行文献信息资源建设评估活动，主要利用权威的、核心的文献目录，馆藏目录，文献数据库，机读目录，采用统一的标准和方法，对一定范围内的馆藏文献状况和使用状况进行定量、定性分析，做出评价，找出存在的问题，以便进一步完善。

⑧资源建设理论研究。文献信息资源建设工作是一项理论性和实践性都很强的工作，需要在实践的基础上不断地总结经验并研究探讨其规律性。因此，对文献信息资源建设基本理论和方法的研究，是文献信息资源建设工作的重要内容之一。

（二）微观文献信息资源建设的内容

微观意义上的文献信息资源建设指各个文献情报机构对馆藏文献信息的规划、收集、组织、管理、贮存、评价等工作。文献情报机构根据自身的性质、任务和服务对象，按照一定的原则、范围、标准，有目的、有计划地开展文献资源的建设工作。具体内容有以下几方面。

1. 馆藏文献资源体系规划分析

馆藏文献资源体系规划就是指每一个具体的文献情报机构，根据自身的性质、任务和服务用户的需要，确定文献信息资源建设的原则、收藏范围、收藏重点和采购标准，提出本机构文献信息构成的基本模式。在此基础上，文献信息机构制订文献收集计划、入藏比例、层次级别，形成有内在联系和特定功能的文献资源结构，建立有重点、有特色的专门化的文献资源体系。

现代文献的类型、载体繁多，各类文献之间内容交叉、重复，为了节约有限的文献购置经费,采访工作需运用文献资源结构的理论与方法,确定不同学科、不同类型、不同水平的文献在馆藏体系中所占的比例,合理配置文献资源,充分发挥馆藏文献的整体功能。

2. 馆藏文献标引分析

馆藏文献标引就是按照一定的文献标引规则,对入藏文献的学科内容和文献的其他特征进行分析和主题描述,并以标识符号作为检索标识,对文献内容进行揭示的工作过程。

文献检索是图书馆和文献信息机构开展文献信息服务的重要手段,文献检索系统是文献检索的基础。建立文献检索系统,首先要对大量的无序文献进行整序并存贮,形成有序的文献集合。这个过程就是分析收集入馆的每种、每篇、每件文献信息的内容特征和外部特征,确定其检索标识,连同文献的地址构成检索款目,并按一定的顺序加以组织排列。所以,馆藏文献标引就是按照文献信息的特点,赋予其标识的过程。文献信息有多种特征,从文献外部特征揭示文献的标识,一般称之为文献著录,从文献内容特征揭示文献的标识称之为文献的标引。文献只有进行标引后,才能获得文献的检索标识,才能按一定的逻辑次序加以组织,读者才能检索到文献信息的内容特征。

馆藏文献标引包括以下两个方面。

(1) 分类标引

分类标引就是以文献分类法为工具,根据文献所反映的学科知识内容、形式体裁、立场观点和读者用途,赋予文献信息一定的标识号,并按照一定的体系有系统地组织和区分文献。分类标引包括两方面内容:第一,辩类;第二,归类。具体的分类标引指分析文献内容的学科属性,确定所属类目,赋予其文献标识号,并将其分门别类地组织起来。文献的分类标引工作是一项十分细致并带有较强学术性的工作。其工作程序为:查重、分析文献内容、归类、分类标识、校审标识、编索书号。

(2) 主题标引

主题标引是以主题词表(叙词表)、标题表等为工具,赋予文献信息词语标识的过程。在文献主题标引工作过程中,标引人员要通过一定的方法,从文献信息研究、论述对象的主题概念角度来揭示文献的内容。这种方法就是主题标引的方法,也被称作主题法。主题法是图书馆人员揭示和组织文献信息的一种手段。它和文献分类法一样,都是从文献信息的内容出发,去揭示文献信息,但二者角度不同。文献分类法主要根据文献内容的学科性质,以类目名称和分类号来揭示和组织文献信息，分类法体系是建立在科学分类的基础之上的。主题法是根据文献内容所涉及的主题概念，以主题词来揭示和组织文献信息。主题是文献信息所阐明的主要问题和对象，用规范化的语言、词汇把主题概念表达出来，这种规范化的语言、词汇就称之为主题词。由此可见，主题法体系是建立在规范化的语言、词汇基础上的。

3. 馆藏文献收集分析

馆藏文献收集是指文献机构按照文献信息资源建设的方针、原则和标准，对众多馆藏文献进行了解、鉴别、分析、判断，从中选择适合本单位文献信息资源建设目标和读者需求的文献的过程。无论哪一家图书馆，哪家文献收藏机构，其业务工作都是从文献信息收集开始的。文献信息收集是整个图书馆工作的基础。

馆藏文献资源的收集包含两层意思：选择文献和采集文献。选择文献是指遵循一定的方针、原则，挑选符合需求的文献。这是一项指令性活动，具有很强的知识性和学术性，是对文献的知识内容、情报价值的鉴别和选择，选择的结果对文献质量起决定性作用。采集文献即采访工作或购书工作，指采用一定方式和途径收集文献。这是一项执行性活动，具有较强的技术性和实践性。它要按照一定的程序和技术规则采购出版物，并主动寻找文献源，采用多种方式打通各种渠道，保证收集到那些已经选定的文献，并收集各种出版线索提供给文献选择人员，扩大文献选择范围。文献选择与文献采集，是文馆藏献收集的两个方面，二者相互联系又相互区别，有不同要求和明确的分工。国外的许多图书馆都明确地将文献选择和文献采集区分开，认为必须由受过专门教育的高级管理者负责文献选择工作，而购书工作则由技术人员或业务主办人员负责。因此，那些认为文献收集就是购买书刊，就是一种纯粹的事务性工作的看法，显然低估了文献收集的地位和作用。

4. 馆藏文献编目分析

馆藏文献编目是根据一定标准或规则对文献内容和形式的特征进行分析、选择、著录的过程。广义的馆藏文献编目还包括将著录形成的各条款目按一定原则与方法组织成各类目录的过程。文献编目按内容可分为描述编目和主题编目。描述编目是对文献实体形态的客观描述。主题编目则是对文献内容特征进行分析，并决定其分类号。主题编目通常被称为分类标引或主题标引。狭义的馆藏文献编目为著录的同义词。

（1）文献著录

文献著录是对文献的各种特征进行分析、选择和记录的过程。通过著录，将文献的各种特征反映在检索工具的各种载体上，读者利用检索工具即可方便地了解和掌握所需要的特定文献。文献著录必须遵循一定的规则，著录项目一般包括题名与责任者项、版本项、文献特殊细节项、出版发行项、载体形态项、丛编项、附注项、文献标准编号及有关记载项、提要项。著录的载体形式有卡片、书本、磁带和机读等形式。卡片式与书本式属于传统的手工方式著录。电子计算机应用后，著录项目可填在工作单上，通过穿孔卡片或键盘直接输入计算机，并利用计算机一次输入、多次使用的功能，制成检索工具。机读目录格式产生后，文献著录进入了现代化、标准化和联机联网阶段。

（2）文献目录

我们对文献进行著录和标引后，会形成一系列描述和揭示文献外表特征和内容特征的条目，文献目录是将这些条目有序地排列成文献集合的检索工具。文献目录的种类很多，功能和排序方法也各不相同。

文献目录按文献类型划分，有图书目录、期刊目录、科技报告目录、会议文献目录、学位论文目录、专利文献目录、技术标准目录、声像资料目录等。

按目录反映的文献收藏范围划分，有馆藏目录、联合目录等。

按目录反映的文献内容划分，有综合目录、专科目录、专题目录等。

按目录反映的文献文种划分，有中文、英文、日文、俄文等文献目录。

按目录的不同编排方法划分，有分类目录、主题目录、作者目录、书名目录等。

按目录的载体形式划分，有卡片式、书本式、机读式和网络式目录等。

5. 馆藏文献剔除分析

馆藏文献剔除就是图书馆根据文献信息资源建设的原则和标准，将长期不流通，滞留在书库，读者少用、不用，无保存价值的文献，从文献资源库存中分离出来，并按不同的情况分别处理。馆藏文献剔除是文献收集的逆过程。文献信息资源建设是一个持续累积、补充和完善的动态过程。这个过程不仅包括新文献源源不断的入藏，也包括对已经入藏的文献中由于各种原因失去使用价值和保存价值的文献进行剔除。馆藏文献的收集和剔除是文献信息资源建设中相辅相成的两个方面。

6. 馆藏文献组织分析

馆藏文献组织包括馆藏文献的整理和布局。其中心内容是对馆藏文献的合理布局，即组织各种不同的文献库布局。馆藏文献组织应保持相对稳定，同时也应根据变化情况对馆藏文献做相应的调整，但变动不宜过于频繁，以免影响文献的保管和利用。文献库的组织源于对文献的划分，较大的图书馆一般将馆藏文献划分成若干不同的部分，如图书和期刊、普通书与线装书、常用书和非常用书、综合性图书和专科性图书、纸质文献与音像文献、缩微文献等。图书馆在划分馆藏文献的基础上，分别组成不同用途的文献库。馆藏文献组织受多种因素的影响，如文献借阅制度、空间与设备条件、藏书与读者特点、图书馆员的业务能力和管理水平等。此外，馆藏文献组织还在很大程度上受传统习惯的影响。

7. 馆藏文献评价分析

馆藏文献评价是对图书馆现有藏书体系所具有的各方面属性进行检测、做出评判的过程。从某种意义上说，图书馆的选书和剔除，也是评价性的活动，但选书和剔除主要着眼于对每一种具体的文献进行价值判断，而文献评价则是对整体文献而言的，是对整个文献收藏体系的评价。文献资源体系有两个方面的含义：第一，微观的文献资源体系，即每个图书馆的文献收藏体系；第二，宏观的文献资源体系，即一个系统、一个地区乃至全国的文献信息资源建设体系。因此，文献评价不仅包括对微观体系的评价，还包括对宏观体系的总体评价。

文献评价作为文献信息资源建设的一项基本内容，其作用主要在于通过对现有文献资源的评估、检测，反馈各种信息，从而为推进文献资源结构体系的建设和图书馆进行科学决策提供客观依据。无论是微观的还是宏观的文献信息资源建设，都要遵循一定的方针、原则，按照一定的规划进行。一般说来，这些方针、原则及规划，都是图书馆在一定理论指导下总结实践经验的产物。但是在文献信息资源建设的操作过程中，图书馆受到各种主客观因素的影响，不可避免地会出现对既定方针的偏离。同时，任何方针的确定和规划的制定，都必然受到当时历史条件及人们的认识水平、认识能力的制约，其正确性必须通过实践才能检验，而文献评价就具有这种检验功能。

文献评价就是运用各种定性的和定量的方法，对文献资源体系的各个方面的属性进行检测，找出既定目标与实际效果之间的差异。图书馆根据这些反馈信息对文献信息资源建设的各个环节进行控制，有效地防止与纠正对既定目标的偏离。同时,图书馆也可以根据这些反馈信息对原来确定的方针、原则和规划进行判断,明确哪些部分是正确的应该继续贯彻,哪些部分有缺陷需要完善、修正,哪些部分是错误的必须废弃,从而为文献信息资源建设的科学决策提供客观依据。

三、文献信息资源建设的任务

文献资源是一个整体系统,文献情报部门所收藏的文献是文献资源体系的基本组成部分。事实上,图书馆藏书建设就是文献信息资源建设的一部分。因此,文献信息资源建设工作包括宏观规划设计和微观馆藏建设两个方面。其基本任务包括以下几个方面。

(一)指导思想的确定

指导思想是一切行动的指南。文献信息资源建设所要达到的总体目标,是文献信息资源建设指导思想实践的必然结果。根据我国国情和我国文献资源分布的实际情况,以及文献信息资源建设所要达到的最终目的,图书馆把建立有效的文献资源保障体系作为文献信息资源建设的指导思想,即建设有中国特色的文献资源保障体系,不断满足人们日益增加的文献需求。

(二)发展政策的制定

文献信息资源建设涉及国家、地区和文献收藏机构等诸多方面,因此,制定适合我国国情的、正确的文献资源建设发展政策是搞好文献信息资源建设的基本保证。文献信息资源建设发展政策是一个体系,内容随着时代的发展而发展,大致包括以下几个方面。

1. 文献发展纲要

文献信息资源建设发展纲要是文献信息资源建设的基础和前提。因此,制定以学科体系为基础,资源结构合理的文献信息资源建设发展框架是非常重要的。它要求图书馆划分文献资源的学科范围,制定一个规范统一、详略得当、学科齐全的框架一览表,再根据文献内容和读者的不同需求,将各学科范围的文献划分出相应的收藏级别,并规定各个级别所应达到的收藏目标,结合文献的语种、类型等设计出"文献收藏结构一览表",对文献信息资源建设的发展做出规划。

2. 文献协调政策

文献信息资源建设无论从宏观建设还是微观建设来讲,都需要国家、地区、行业系统、收藏机构之间以及收藏机构内部之间的协作。因此，制定资源合作建设、资源共享的协调政策，确定文献资源合作收藏的目标、任务，明确参加协作的机构收藏文献的范围、应该承担的责任等，是非常重要和关键的。在统一的政策下，各文献收藏机构必须按照政策规定的权利与义务对本机构分担收藏的文献进行完整的收藏和报道，并将本机构入藏文献提供给其他机构的读者使用。

3. 文献收集政策

文献收集政策是文献信息资源建设中较具体的政策，主要阐述了文献收集的原则与方案，确定各文献收藏机构文献选择的标准、类别、类型、语种、载体等，确定采访工作程序及文献交换、捐赠计划等。

4. 经费分配政策

它包括确定文献购置经费、特殊经费的分配和使用的政策等。

5. 文献管理政策

它主要包括：第一，确定各文献机构收藏文献的程序与原则。第二，确定文献保护的原则、技术标准和措施。第三，确定文献评估政策标准和实施方案。第四，确定文献剔除的标准、范围、频率。第五，确定文献资源贮存系统的建立方案和具体运作方法。

6. 合作馆藏文献、馆际互借与资源共享政策

这项政策能确定合作馆藏文献的目标、任务，确定参加合作的文献收藏机构的入藏文献范围和应承担的责任，确定文献的报道方式和共同利用方式等。在统一的政策下，各馆都必须按照政策规定的权利与义务，将本馆负责收藏的文献完整地入藏并承担入藏文献的报道任务，将馆藏文献提供给他馆读者使用。

7. 机读数据库文件政策

在计算机编目和联机联合编目的情况下，我们要确定机读数据库文件政策，确定电子出版物收藏任务及获得数字文献地址的途径与方法；确定机读目录格式标准和各著录项目、字段的处理细则；确定用于采访、管理、维护数字信息资源的经费数额等。

（三）文献信息资源配置的优化

文献信息资源建设中极为重要的一项任务，就是优化文献信息资源配置。所谓优化文献信息资源配置，就是文献信息资源合理布局，根据需要有意识地

控制文献收藏与分布的工作活动。具体地说，文献信息资源布局有两方面的含义：其一是指文献资源按学科或按文献类型在地域空间分布的状况或形成的格局；其二是指研究和建设合理、方便、经济的文献信息资源分布格局的设计与实际工作。为了实现文献信息资源建设的目标，图书馆需要确定一种适当的布局模式，而布局模式的选择取决于国家或地区的规模、需求状况、交通和通信条件、经济发展水平、文献信息事业的发展概况等。

（四）各具特色的文献资源体系的构建

我国文献信息资源建设的任务之一，就是克服文献收藏重复雷同的问题。建立各具特色的文献资源收藏体系，是衡量各文献收藏机构文献信息资源建设水平的标准之一。文献特色收藏体系的形成，需要经过长时间的努力。各文献信息机构都应根据本单位所在地区的历史、地理、政治、经济和科学文化发展的显著特点与优势，根据服务区域读者的需要及本单位原有的基础，文献资源保障中心的分工安排等实际情况，选择某一方面或某几个方面的专业文献作为自己的收藏特色，并集中利用本单位的人、财、物等条件，有重点、有针对性地突出与强化这些特色，在此基础上开展优质特色服务。只有建立各具特色的文献收藏体系，才能使整个体系的文献资源既有广度又有深度，形成点面结合、层次分明、分工适当、布局合理、馆际之间具有互补性的文献资源网络体系。

文献资源体系的主要特色包括文献的地方特色、类型特色、专业特色、文种特色、载体特色、时代特色等。

（五）文献资源的分工协作与共建共享

文献资源整体化建设和分工协作，是当代文献情报事业发展的必然趋势之一。当今世界是一个竞争激烈、相互制约、相互依存的世界，世界各国都十分重视文献资源的开发利用。然而科学技术的发展带来的"信息爆炸"，使任何一个国家、任何一个文献信息部门都不可能尽收天下文献。经费因素和收藏空间的压力促使各文献信息机构拆除"围墙"，分工协作，实现文献资源的共建共享。早在20世纪初，欧洲一些国家的图书馆就已经开始在文献采集上进行分工，在文献的加工整理上进行协作，在馆际之间进行文献交换、调配与互借。随着计算机网络技术的发展，这种文献资源共建共享的前进步伐被大大加快了。

我国文献情报界的协作活动已有近半个世纪的历史，积累了很多经验。在社会主义市场经济体制下，在计算机网络环境下，图书馆要用新的思想、新的观念、新的手段推进文献信息资源建设工作，把文献资源共建共享这件大事做好。

第四节　图书馆文献资源的配置与布局

一、文献资源配置

所谓文献资源配置，指图书馆根据自身性质、任务和读者的需求，在既定的条件下，有计划地建设高效合理的文献资源体系。文献资源的配置是一个从不合理逐步趋向合理的过程。合理性是指经济上的合理性，即用一定的配置成本取得最大的配置效益，或用最小的配置成本取得一定的配置效益。合理性是文献资源配置追求的目标。由于读者的信息需求是动态发展的，而文献资源配置的合理性总是相对的和暂时的，所以文献资源配置的合理性也是动态发展的。文献资源的高效配置是文献资源充分开发和有效利用的根本前提。

任何级别、类型的文献资源配置，都应从系统整体利益出发，立足整体，放眼全局，相互配合，调剂余缺，避免不必要的重复和浪费，从而提高文献资源配置整体效益。

（一）数量与质量

文献资源的数量，包括文献资源总量和增量。文献资源总量是指在一定时期内图书馆经过积累所达到的文献资源数量。文献资源增量是指在一定时期内图书馆文献资源增加的数量，即净增量。总量的发展变化取决于增量的发展变化。

为了最大限度地满足图书馆读者的文献资源需求，图书馆在文献资源配置中，应该尽可能增加文献资源的数量。因为图书馆的经费始终是有限的，所以在增加文献资源数量的同时，图书馆必须高度重视文献资源的质量，正确处理好数量与质量的关系，避免因片面追求数量而忽视质量，在确保质量的前提下增加数量，使有限的经费发挥最大限度的作用。

（二）一般与重点

任何图书馆的文献资源配置都有一定的范围，例如，文献资源在学科、语种、类型等方面的界定。在此范围内，图书馆应该正确处理好一般文献资源和重点文献资源的配置关系。所谓一般文献资源，是指根据图书馆的总体任务和全体一般读者的需求，在文献资源配置的范围内，所配置的能够满足图书馆一般读者需求的文献资源。所谓重点文献资源，是指在一般文献资源的基础上，根据图书馆的主要任务和主要读者需求所配置的一定学科范围内的，系统完整的文献资源。

一般文献资源和重点文献资源是文献资源的两个必要组成部分。在文献资源配置中，图书馆要做到兼顾一般保证重点，一方面要避免面面俱到的做法，要突出文献资源配置的重点，充分地提高有限经费的效益；另一方面又要避免片面注重主要读者需求而忽视一般读者需求的做法，要有计划按比例地配置文献资源，充分体现文献资源配置的科学性和合理性。

（三）品种与复本

文献资源配置能处理好文献资源的品种和复本之间的矛盾。购置文献资源的资金有限，如果复本量大，势必影响文献资源的品种，使读者需求难以满足；而如果文献资源的品种过多，又可能使某些热点和需求量大的文献资源短缺，难以满足读者的需求。因此，图书馆要对不同学科、语种、级次、类型的文献资源的数量进行科学的计算，根据本单位的性质、任务、特点和读者需求来确定各类文献的收藏价值，根据藏书空间、管理能力来确定各类文献收藏的可实现性，综合考虑各方面因素，提出相应的馆藏文献品种和复本量。如公共性的信息资源机构在文献资源品种配置上要考虑多层次、全面性，这是由信息服务对象的多样化需求决定的；而科学研究及专业信息资源机构的文献资源配置则重点放在少数几个研究领域，在某一点上进行系统化配置。

文献资源的品种与复本量是否与实际需求相一致是衡量文献采访工作质量的重要标准之一，也是衡量馆藏文献质量的重要标准之一。文献采访的品种和复本量与实际需求相一致才能实现文献资源购置经费的最佳分配与合理使用。因此，品种和复本量是文献资源配置中特别需要重视的问题。由于各种原因的影响，目前文献资源的品种、复本量与文献的实际需求常常存在较大差距：一方面表现为相当一部分文献资源的品种和复本量超过了实际需求，存在明显的过剩现象，或是根本没被利用；另一方面表现为某些读者需求的文献资源出现短缺、断档。要解决这一问题，图书馆必须对读者的需求、文献资源的内容及质量、文献资源的有效期等给予充分重视，特别是每种文献对相关读者具有不同作用与价值这一点，应给予重视，并深入分析相关读者对同一文献的需求差别。

在确定文献资源品种和复本量时，图书馆不能孤立地研究某一文献，而应把该文献与文献资源总体、馆藏文献资源联系在一起，考虑两者对该文献复本量产生的重要影响，以及本单位的收藏特色和优势。只有考虑周全，科学合理地规划，我们才能处理好文献资源的品种与复本量问题。

（四）纸本与电子本

正确处理纸本印刷型文献资源与电子本文献资源的关系是文献资源配置的另一重点。纸本印刷型文献迄今还是馆藏文献资源的主体，其主体地位在较长时期内不会动摇。电子本文献资源代表文献信息资源建设的发展方向，必须妥善处理纸本印刷型文献与电子本文献的关系，适度收藏这两种类型的文献资源。

1. 纸本与电子本兼蓄并存

在今后一段时间内，纸本印刷型文献与电子本文献将处于相互补充和共存的局面。纸本的文献浩如烟海，已经被转化为数字形式的却并不多，已有的大批量生产的纸本印刷型文献，既不可能也没有必要全部转化为数字文献。新出现的文献资料，往往同时发行纸本与电子本，并不采取单一的数字化形式。虽然电子本文献近期发展迅速，但纸本印刷型文献在数量上依然占主导地位。目前，电子本文献的权威性还不能与纸本印刷型文献同日而语。单纯的电子版大多缺少像印刷型出版物那样严格的评审与质量管理，因而在学术评价中还不能与印刷型出版物相提并论。电子本文献的价格并不低廉。从目前出版发行的具有特殊附加值的图书特别是丛书看，电子版的价格确实低于印刷版，但若考虑阅读这类文献必须配置的设备等因素，这类文献的价格就比较高。电子本文献的利用更多地受使用者的习惯与设备的影响。

2. 纸本与电子本的合理配置

随着电子出版物日益增多，纸本印刷型文献与电子本文献并驾齐驱、平分秋色的局面逐步形成。要处理好两者的关系，协调好两者的配置比例，图书馆应注意三个方面：一是要扬长避短。在使用检索类文献时，图书馆要以检索效率为先。电子检索工具可发挥计算机检索的优势，图书馆在文献收藏上应逐步加大电子类书籍的入藏比例。二是要择优选择。信息机构在进行文献信息资源建设时，应注意选择全文本与文献检索一体化的电子本文献，并逐步取代纯检索类文献。三是要兼收并蓄。当综合性的电子本文献与纸本印刷型文献重复时，利用率高的纸本印刷型文献可继续保留，以供读者阅览和借阅。

3. 调整纸本与网络资源的关系

随着互联网的发展，网络资源作为一种重要的文献资源，也纳入了文献资源配置的范畴。网络资源配置的主要依据是人们的网络资源需求，是以网络资源配置的效率和效果为标准，对当前网络资源的分布和分配进行调整的过程。

从微观上说，网络资源配置是指各网络信息资源机构对网络资源进行各种形式的组合，从而为社会生产更多更好的信息产品，并获得利润。网络资源具有数量庞大、类型丰富、传输速度快、共享程度高、费用较低等优点，有效地刺激了读者的资源需求，从而从需求拉动的角度促进网络资源有效配置，使网络资源实现更高水平的配置。各单位可将网上免费的符合本单位特色的资源搜集、整理，提供给读者。另外，网上数据库内容更新速度之快，是任何一种文献载体都无法比拟的，加之其在总体价格方面也具有一定的优势，各单位可以协调购买，通过共享的方式提供给读者。目前，网络资源与文献资源是相互补充的，在满足读者多元化信息需求的过程中，各有其功能和优势。因此，图书馆要合理安排纸本文献资源和网络资源的比例，实现两种资源的最佳配置。

4. 各类型信息机构收藏的重点

不同信息机构对纸本和电子本形式的文献资源的收藏有较大差别。高校图书馆、公共图书馆、科学图书馆和社科情报机构收藏信息的载体形式以纸本印刷型为主，光盘型次之，网络型再次之；科技情报机构收藏信息的载体形式以网络型为主，其次是印刷型和光盘型，这两种类型的数量差距不大；信息中心、咨询机构和企业情报机构收藏信息的载体形式以网络型为主，其次是光盘型，再次是印刷型。三种信息资源在不同信息机构的资源配置中的地位，主要取决于两个方面：一是不同类型的信息资源有不同的特点和适用范围；二是不同的信息资源机构有不同的任务和工作重点。

未来将是传统图书馆向自动化图书馆、数字化图书馆转化的时期，也是传统图书馆与自动化图书馆、数字图书馆并存互补的时期。未来社会中，纸本与电子本文献将长期并存互补。正如克利夫兰公共图书馆馆长所言："要在知识的世界中找寻道路，我们需要经纬并重，阴阳并举，兼顾电子出版物和纸本式出版物。"

二、文献资源布局

图书馆文献资源布局的方法很多，按建筑物结构布局的有展开式水平布局、高层式垂直布局和立体交叉式混合布局；按借阅方式布局的有开架制布局、闭架制布局；按读者信息需求布局的有纵向布局、横向布局等。

（一）展开式水平布局

在 20 世纪 30 年代以前，由于藏书不多，世界上大多数图书馆的建筑规模也不大，图书馆的书库、阅览室、工作人员办公区等三个主要建筑共处于一个水平面上，这种布局就称为展开式水平布局。

展开式水平布局的最早形式是在室内四周沿墙摆放书架，中间为阅览区和工作人员办公区。随着文献入藏数量的增加，书架改为平行或放射状排放，书库所占的空间不断扩大。这种布局比较灵活，便于读者接近文献资源，提高文献资源的利用效率。其缺点是占据较大的空间范围，限制了文献资源的自动化传递，而且为了在同一平面上都能摆放沉重的书架，不得不提高图书馆建筑的造价，在经济上不太合算。这种布局主要适用于直接面向读者的开架流通书库。

除了小型图书馆（室）目前继续采用展开式水平布局方式外，许多有多层书库的大中型图书馆也仍然局部采用这种方式，尤其是一些直接面向读者的开架流通书库。大中型图书馆通常按学科等特征分为若干个分科借阅体系，每个体系占用一个楼层，这就是所谓的"分层蛋糕"式水平布局。

（二）高层式垂直布局

在20世纪30年代以后，文献资源布局的技术与理论有了很大的发展，从展开式发展为高层式（也叫塔式），从水平布局发展为垂直布局，图书馆等信息机构的建筑出现了高层式垂直布局。这种高层式垂直布局，使塔式书库与图书馆的其他建筑分开，通过专门的通道或运输线路，把被阅览室环绕的书库与其他部门连接起来，或者把与阅览室连接的书库和其他部门连接起来。不少小型图书馆的书库采用了这种布局。

文献资源的高层式垂直布局的优点在于：第一，使文献资源在最小的空间范围内得到最大限度的集中；第二，塔式书库与图书馆其他建筑的分开，有效保证了文献资源的安全，使文献资源接近阅览室。但是，高层式垂直布局也有缺点：一是工作效率低，为了迅速传递文献资源，如果每层书库都设置一位管理员，势必降低工作效率；二是工作量大，如果一位管理员负责几层书库，检索工作量太大，体力负担过重，疲于奔命，影响服务效率；三是空间利用率不高，这种塔式书库多半都装备了全自动或半自动的运输设备和联络设施，占据了一定的物理空间。

（三）立体交叉式混合布局

在20世纪70年代以后，许多文献资源结构复杂的图书馆纷纷采用了立体交叉式混合布局的方法。所谓立体交叉式混合布局，就是把水平布局与垂直布局两种方法结合起来，取长补短。其实质是区分文献资源，不同的文献资源采用不同的布局方法，把常用的资源尽可能放在与阅览室处于同一水平面上的书库，使读者能够直接利用这部分资源，把不常用的书放在与阅览室不在同一水平面的垂直位置上。

（四）闭架制与开架制布局

闭架制与开架制是两种截然不同的文献资源布局方法，除了闭架制与开架制两种布局方法之外，还有半开架、部分开架、部分闭架等方式。半开架布局、就是图书馆利用陈列展览的形式将部分流通量大的书放在有玻璃的书架里，读者能看到书籍并浏览挑选，但不能自取，借阅时必须通过馆员提取。半开架布局是介于开架与闭架之间的一种辅助借阅方式，便于宣传推荐、组织管理藏书，在一定程度上方便读者直观选择书刊。部分开架属于开架制的范畴，是指在图书馆的流通书库对大多数读者采用闭架制的情况下，允许一部分具有高级职称或有特殊研究需要的读者，对一部分文献实行有限制的开架借阅方式。采用闭架制的图书馆普遍采取这种方法。与部分开架相对应的是部分闭架，属于闭架制范畴，是指在图书馆的流通书库对大多数读者采用开架制的情况下，允许部分读者对于其中部分藏书采用闭架制的借阅方式。其作用在于既能安全保管并长期利用文献，又能有针对性地为读者服务。

随着"用户第一""用户为中心"的信息资源服务理念的进一步推广，全方位开架借阅应是图书馆文献资源布局的发展趋势。

（五）三线典藏制布局

美国图书馆学家特鲁斯威尔经过文献统计分析，总结出文献资源利用的"二八率"：在图将馆的全部文献资源中，大约有20%是常用的，通常能够满足读者80%的需求；其余80%的文献资源，仅能满足读者20%的需求。根据这一理论，国外图书馆曾普遍采用三线典藏制来布局文献资源。

三线典藏制就是按照文献资源的新旧程度及利用率的高低，结合服务方式方法，将全部文献资源划分为利用率最高的、利用率比较高的、利用率较低的三部分，并依次组成一、二、三线书库的布局方法。三线典藏制的文献资源布局要求把能满足读者大部分需求的、相对少量的、高利用率文献资料集中到一、二线书库，把只能满足读者少量需求的、相对大量的、低利用率文献资料放在三线书库，从而使读者用最少的时间、最少的精力，获得最多的文献资料和信息。

三线典藏制的文献资源布局，把辅助书库的划分和设置作为文献资源布局的主体，改革了过去以基本书库为中心、以辅助书库为分支的传统模式，做到书库中能阅读，阅览室中有书库。在三线典藏制的文献资源布局中，作为基本书库的三线制书库对辅助书库和专门书库不再起调节作用，一线书库直接从采编部门进书,二线书库直接接收一线书库转来的藏书,三线书库只负责接收一、二线书库不需要的藏书。一、二、三线书库之间,不仅存在藏书新旧程度、利用率高低的层次联系及其服务方式的区别,还存在增加新书与剔除滞书的动态性联系。特别需要说明的是,虽然三线典藏制的文献资源布局以藏书在利用上的三个层次为主体结构,对藏书进行纵向布局,但它同时也在同层次藏书内进行横向布局。在三线典藏制的每一线藏书中,图书馆还应进一步按文献资源的学科性质、读者群体、功能用途、载体形式、文献类型、服务方式、利用效率等特征进行划分,组成不同学科、不同读者群体、不同文献类型的一、二、三线书库。这样才能使不同的读者以不同的方式利用不同的文献,从而最大限度地提高藏书的利用率。划分一、二、三线书库的依据是藏书利用率的高低。所以,实现三线典藏制的核心问题是确定文献资源的利用率。如何确定文献资源的利用率,世界各国的图书馆采用的方法各式各样,有的严格按照文献的出版年限,有的根据统计分析得出的数据,有的借鉴社会学、目录学和数学方法来对藏书进行综合分析评估等。总体而言,这些方法都不适合我国国情,实际运用起来有困难。吴慰慈、刘兹恒在《图书馆藏书:补充,组织,协调与控制》中提出,"我国图书馆划分三线制藏书,应该采用一种简便可行的方法,即除了参考国外的做法外,主要以读者需求的满足程度作为三线制藏书划分是否合理的主要标准。具体地说,一线藏书至少应满足读者总借阅量的50%～60%;二线藏书至少应满足读者总借阅量的20%～30%;而三线藏书的读者借阅量则不能高于总借阅量的10%"。这种办法以读者的信息需求为主要指标来进行文献资源布局。实践表明,该方法是符合中国国情的,是切实可行的。

三线典藏制的文献资源布局对提高文献资源的利用率具有非常重大的意义。

(六)藏借阅一体化布局

为了最大限度为读者提供便利,让读者充分利用图书馆的文献资源,目前世界上的图书馆普遍采用藏借阅一体化的文献资源布局方式。藏借阅一体化的文献资源布局,是一种全开架布局,利用计算机技术、通信技术、网络技术等信息技术,采用"统仓管理方式",即大开间、少间隔的阅览室布局,各处设有桌椅,方便读者随时阅览。除特藏文献和现刊外,其他文献尽量不单设阅览室,文献资料尽量按学科、知识门类进行组织并集中起来。读者可以在图书馆内随意浏览和自由取书，全馆装有严密的电子防盗防火系统，以确保文献资源的安全。

1. 藏借阅一体化布局的优点

一般来说，藏借阅一体化的文献资源布局具有以下三个优点。

①提高文献资源的利用率，降低拒借率。读者可以直接接触图书，自由选择适合自己的图书。这种布局避免了一种文献资料可能在几处收藏，读者疲于奔命的情况。所以这种布局能最大限度地方便读者，满足读者的信息需求。

②减少复本数，节约购书经费。目前，购书经费不足是图书馆普遍存在的问题。由于书刊价格上涨，许多图书馆将图书复本量一减再减。采用藏借阅一体化的文献资源布局，可以减少复本量，特别是部分使用频率不高的书，全馆只需买一本即可。

③节约人力资源，提高服务质量。图书馆采用藏借阅一体化的文献资源布局，可以将几个阅览室合并为一个藏借阅合一的大开间，所需柜台图书管理人员大为减少，更多的图书馆馆员可在架间巡视，随时整架、归架，并随时为读者提供参考咨询服务，使人力资源得到合理配置，提高图书馆信息资源服务的质量。

2. 藏借阅一体化布局的要求

（1）建筑设计要求

图书馆在建筑设计上要符合大书库、大开间、大阅览室等藏借阅一体化的要求，采用同层高、同柱网、同载荷的设计方案，以增加功能转换的灵活性。

（2）更新管理模式

藏借阅一体化的布局要求架位排列有序，架标简明易懂，易于读者查找并节约时间；对部分借阅量大的书刊实行优先集中排架；藏书区设专人负责进行整架顺架，保证架位准确，并加强巡视，随时整架、排架；积极引导读者利用计算机检索系统，引导读者使用代书板，减少取书的随意性和盲目性，提高查找文献的准确性和针对性，减少因频繁上下架而带来的文献破损。

（3）强化用户参与意识

藏借阅一体化布局，需要图书馆提高读者的参与意识与自我服务能力，加强对用户教育与培训，提高他们的文献检索意识和查找文献的能力；让读者参与活动，进行自我教育；实行兼职馆员制，请一部分读者直接参与图书馆的管理，承担一部分服务管理工作。

（4）提高馆员的参考咨询能力

藏借阅一体化布局，要求图书馆为读者提供答疑解惑、参考咨询的服务，让高层次馆员到阅读辅导、参考咨询第一线，以深厚的专业知识、广博的常识、专业的信息技能为用户答疑解难。

（5）营造人性化环境

藏借阅一体化布局，要统筹安排藏、借、阅各项功能，按静区、较静区与闹区分布，将室内大空间灵活地分隔出藏书区、阅览区、办公区、读者信息区等不同功能区，形成藏、借、阅一体的综合功能空间。

第五章 图书馆文献资源的检索

对图书馆馆员来说,除了应具备图书馆学、信息学、计算机应用、外语等知识外,文献信息检索也是不能忽略的一种知识和技能。在图书馆馆员中开展文献信息检索教育,对提高图书馆馆员的信息素质具有十分重要的作用。本章分为图书馆信息检索概述、文献资源检索工具、图书馆文献资源的检索需求及路径三部分。

第一节 图书馆信息检索概述

一、网络信息检索的原理

网络信息的检索主要是用户利用搜索引擎在互联网上查找信息。检索原理是使用Robot(一种搜索程序)遍历因特网,将互联网上分布的信息下载到本地文档库,然后对文档内容进行分析并建立索引。对于用户提出的查询问题,搜索引擎通过查找索引找出匹配的文档或链接,再反馈给用户。目前搜索引擎主要通过两种技术实现信息检索:一是使用网站分类技术,把网站进行树状归类,对每个网站都有简略的描述。二是使用全文检索技术,全文检索处理的对象是文本,通过网页抓取程序对大量网页数据建立由字(词)组成的倒排索引,以便读者用关键词对文档进行查询,系统则反馈含有该关键词的网页。

二、网络信息检索的特点

（一）网络信息检索空间的拓展

网络信息检索与传统的情报检索相比空间大大拓展了。它可以检索互联网上的各类资源，而检索者不必预先知道某种资源的具体地址。其检索范围覆盖整个互联网，为访问和获取成千上万台服务器和主机上的大量信息创造了条件。这一优势是其他信息检索方式所不具备的。

（二）交互式作业特点

所有的网络信息检索都具有交互式作业的特点，能够从用户命令中获取指令，即时响应用户的要求，执行相应操作，并具有良好的信息反馈功能。用户可以在检索过程中及时调整检索策略以获得良好的检索结果，并能获得联机帮助和指导。

（三）用户界面友好且操作便利

网络信息检索为用户屏蔽了各主机的硬件平台、操作系统的差异，客户程序和服务程序版本上的差异，信息的存储方式以及各种不同的网络通信协议的差异等，使用户在使用这些服务时操作更加便利。

三、应用网络信息检索的必要性

随着计算机技术、通信技术的高速发展，各种信息数据库的建立和广泛应用，现代的图书馆工作模式取代了传统的图书馆工作模式，图书馆服务从传统的手工检索服务发展到利用计算机网络、通信技术形成的图书馆文献信息检索服务。

图书馆正从"以书为本"向"以人为本"转变，即实现"以藏书为轴心"向"以读者为轴心"的转变，从"单纯的文献传递服务"向"多元化信息服务"转变，从而使信息时代的文献载体发生巨大变化，改变了传统图书馆读者服务工作的内容，促使图书馆读者服务发生质的改变。网络环境下图书馆工作的内容发生变化，图书馆馆员仅凭传统的检索服务是不能完成新工作内容的。这就要求图书馆馆员要具有在网络环境下利用各种检索工具、检索手段检索文献信息的能力。

四、图书馆信息检索的途径

所谓图书馆信息检索途径,是指从哪个角度或哪个方向进行文献信息检索。用户检索信息往往以信息的某一特征为切入点。文献资源的内容特征和外表特征都可以作为检索的切入点。信息人员在编制检索工具和检索系统时依据信息的特征和检索语言的原理,为用户建立多种多样的检索途径,如分类途径、主题途径、文献名称途径、责任者途径、文献代码途径、引文途径、时序途径、地序途径等。

(一)分类途径

分类途径是用户普遍使用的一种途径。分类途径以科学分类为基础,结合信息的特征,运用概念对信息进行划分。它把信息区分为大小类目并用标记符号作为代号,使其形成一个有系统、有层次、逐级展开的排列表。分类途径又称为分类表。通过分类途径查找文献就是依照分类法的分类体系从学科角度来查找文献。

分类途径的局限性在于不能集中与事物有关的各个方面的文献信息,不能有效满足用户检索课题的需求。同时分类体系较为稳定,使一些论述新概念、新事物的文献信息不能及时用新类目反映出来,容易造成漏检。分类体系的单线排列使一些边缘学科、交叉学科难以反映出来。

(二)主题途径

主题途径是根据信息内容的主题特征进行检索的途径。表示信息所论述和研究的事物、问题、现象的概念叫作主题。用以表达信息主题的概念词叫作主题词。它可以作为检索标识。在信息检索中,主题途径使用较为方便。

主题索引是以主题词为目标并按主题词字顺排列的索引。按照主题词的选词方式,主题索引可分为标题索引、单元词索引、叙词索引和关键词索引。

标题索引是主题索引系统中最早出现的一种方式,所以传统的主题索引实际上就是标题索引。它以规范化的标题(词)作为文献信息的概念标识,并运用多种标题形式组成固定搭配。如"经济核算"(主标题词)、"经济核算业"(副标题词)。

(三)文献题名途径

文献题名途径是根据文献信息的名称特征进行检索的途径,即把文献信息记录的书名、刊号、篇名等作为文献信息存储的标识和检索的出发点。各类书名目录或索引、篇名目录或索引等，都是按照其题名字顺组织起来的，为用户提供题名检索途径。我国古代书目较重要的检索途径就是书名。在我国图书馆目录体系中，书目目录仍然占有较重要的地位。用户只要记清书名、刊名就能准确迅速地检索到该书、该刊。

（四）责任途径

责任途径是依据文献信息责任者的名称特征进行检索的途径。责任者一般指作者、译者、编者等。文献信息不仅有个人责任者，还有团队责任者。许多检索工具或检索系统都按文献信息负责者名称字顺编制相应的目录或索引。例如，图书馆的著者目录，检索工具或检索系统中的著者索引、机构索引、专利人索引等。责任者检索途径可以查询同一著者、同一机构发表的所有文献信息，但用户应该注意不同国家姓名的写法和用法。一些检索刊物或检索系统，经常以责任者途径作为分类途径和主题途径的补充和配合。

（五）引文途径

引文途径是根据文献所附参考文献或引用文献的特征进行检索的途径。论文作者在写作过程中一般都要参考其他一些文章，或作为理论依据，或作为比较对象，或取其数据等。文献之间的相互利用，体现了用户的相互交流，也在一定程度上体现了相关文献在内容上的联系。利用引文途径进行检索，主要有两种方式：一是依据某论文后的参考文献或引用文献不断地追溯、检索旧文献，二是利用引文索引检索相关文献。所谓引文索引，就是利用被引论文检索引用论文的索引。引文索引多用于新兴学科、交叉学科及其他复杂研究课题的文献信息索引。

五、图书馆网络信息检索的技巧

图书馆网络信息检索是实践性很强的工作，用户学习一些网络检索的原理和表达方式对提高网络检索效率大有益处。我们要通过不断摸索，在实践中掌握不同数据库的特点，提高检索效率。

①明确检索目的和要求，确定查询策略。不同目的的检索应使用不同的查询策略，不同的查询策略会产生不同的检索结果。尽可能多地了解检索目标，不仅能帮助用户确定所需要的信息类型、查询方式、查询范围、查询时间及采用何种限制条件，还能更好地理解查询结果，并准确地捕捉它。

②选择合适的网络检索工具。选择合适的搜索引擎是信息检索的关键。搜

索引擎在查询范围、检索功能等方面各具特色，不同目的的检索应选用不同的搜索引擎。一般来说，如果用户希望获得关于某个问题的广泛性信息，比如，"中国书法"，那么最好使用分类目录式的搜索引擎。搜索引擎数量众多，我们选择合适的搜索引擎要从网络检索工具的类型、收录范围、检索问题的类型、检索具体要求等方面综合考虑。

③选择合适的检索词。我们在搜索时应尽量选专指词、特定概念或非常用词，避免选普通词、泛指概念。某些综合概念或范围较广的检索词，如计算机、网络、中国等，会得到数以万计的检索结果。

④构造恰当的检索表达式。多数搜索引擎都提供简单查询和复杂查询两种方式，在检索时最好使用高级检索功能，并在使用过程中合理组织检索式。如组合运用布尔逻辑中的逻辑与"AND"、逻辑或"OR"、逻辑非"NOT"等来连接运算分量（检索词）。另外，许多搜索引擎支持短评检索，即用双引号将表达检索需求的词组或短语标出，并将其作为一个整体进行查询。这要求信息必须与双引号中的内容完全匹配才能检索命中，能有效提高检索精度。如用"京剧"+"脸谱"搜索比用京剧+脸谱搜索结果更精确。

⑤利用精练、二次检索功能，即利用某些检索工具提供的 Refine 键，在前一次检索结果的基础上进一步检索，使检索范围缩小，检索策略更精细化，逐步提炼出更符合检索需求的检索结果。

⑥使用限定条件、限定词，即利用某些检索工具提供的检索条件、范围选择、参数设定等功能键，通过对资源类型、时间、语种、数量等的限定，使检索结果更符合用户需求。

⑦使用同义词或近义词检索。搜索引擎对网络信息资源中出现的多姓名的个人著者、更名的机关团体、同一事物的不同名称等，不像图书馆目录那样有规范化的检索点，容易出现漏检现象。因此，用户需要使用同义词、近义词或同一事物的不同名称尽可能地扩大检索范围。

⑧使用多个搜索引擎。用同一个检索提问访问多个数据库，以弥补单个搜索引擎数据库在覆盖面、容量、规模上的局限，或直接使用多个元搜索引擎，从而扩大检索范围。

⑨高效率检索的技巧。检索耗费时间、精力和经费，提高检索速度，降低检索耗费是信息检索的一个重要目标。用户可以采用如下方法：一是通过关闭主页图像来提高下载速度；二是打开多个检索窗口，减少检索的等待时间；三是采用词组提高查准率；四是直接查找信息源，即将经常访问的网站加入"收藏夹"进行保存，再次使用时直接点击；五是就近选择站点，如网络资源有几个网站，要选择离你最近的；六是择时检索，不要在上网高峰期检索。

第二节 文献资源检索工具

一、文献资源检索工具的概念和特点

（一）概念

文献资源检索工具就是人们用来报道、存储和查找文献情况的工具，是科技工作者掌握科技文献资料的有效手段，是从事科学技术工作的重要武器。它是不同学科范围内对某阶段出版的有关文献进行收集、整理、报道并提供检索路途的二次文献。检索工具可以以书本、卡片、胶卷、胶片或磁带等形式出版。在我国发行最多、使用最广的是书本式检索刊物。

（二）特点

①详细完整地记录所著录文献的线索（包括文献篇目、著者、来源、出处等项目），以便用户能利用这些线索找到有关文献。

②对所著录的文献，都标有可供检索的各种检索标识，如分类号、主题词、文献序号、代码代号等，以便用户利用这些标识来检索所需的文献。

③提供必要的检索手段，即各种体系的索引，如分类索引、主题索引、作者索引、号码索引等，以便用户进行检索。

只有具备了上述三个条件的二次文献才能称为文献资源检索工具。现在有些检索刊物只有著录而不进行标引或不提供检索辅助手段。因此，严格地说，这些以检索刊物自称的出版物是不能纳入检索工具范畴的。

二、文献资源检索工具的类型

文献资源检索工具具有存储和检索两方面的职能，一方面把有关文献的特征著录下来，成为一条条的文献线索并将它们系列化，这就是文献的存储过程；另一方面提供一定的检索手段，使人们按照一定的检索方法查出所需的文献线索，这就是文献的检索过程。

我们知道了文献资源检索工具的存储与检索过程，还必须知道文献资源检索工具的划分方法和类型。只有这样我们才能灵活自如地运用检索工具。

（一）按出版形式划分

1. 期刊式检索工具

期刊式检索工具具有期刊出版特点，有统一的名称，以年、卷为单位，定期连续出版。这种工具报道各种原始文献的线索，使用范围广，用户可用来掌握当前文献情况。这种工具让报道时间与文献发表日期保持相应的并行关系，使科技人员能及时掌握当前科技发展的最新动向。它具有连贯性，能不断地积累文献资料，提供多种检索途径，使科技人员能方便地检索前期的文献资料，也可利用其早期内容来追溯早期的科技文献。它具有及时、连续、系统、完整、全面、方便等检索特点，是主要的文献资源检索工具形式。

2. 单卷式检索工具

单卷式检索工具一般以图书形式发行，以一定专题为内容，累积报道主要国家有关该专题的文献，并以特定范围的用户作为服务对象，有单册和不定期连续出版两种。对某一特定专题而言，它收录文献比较全面系统，并切合专业研究的需要，所以使用价值比较高。

3. 附录式检索工具

附录式检索工具不单独出版，分别附录于图书、期刊的文章之末，或附在文章间的索引参考项目中，分别称为书附文献志、刊附文献志和篇附文献志。其特点是专业性强，引用的参考文献与文章的中心内容密切相关，而且是从大量的文献中精选出来的，引用的文献质量比较高，具有重要的参考价值。

4. 卡片式检索工具

卡片式检索工具是最常见的一种文献资源检索工具，它相当于把书刊式检索工具的每一条款目印在或写在卡片上，然后按卡片上规定的分类号和主题词等标志逐片排列成套，新卡片可随时插入，本身具有积累的作用。其缺点是体积大，不能随身带，排片时间多，查阅较麻烦，易乱易失，不易管理。

5. 胶卷式检索工具

胶卷式检索工具是以缩微胶卷形式出版的检索工具，可以是传统文献的缩微化形式，也可以是计算机输出的缩微品，特点是出版快，缩小了检索工具的体积，但阅读需要借助阅读设备。

6. 磁带式检索工具

磁带式检索工具是随着计算机在图书情报上的应用而发展起来的，是一种供计算机"阅读"的检索工具。机读文献磁带是将文献著录按照一定的代码和一定的格式记录在磁带上（通过程序设计，把传统检索工具中著录的文字和符号转换成数学语言和机械语言），专供计算机"阅读"。因此，用户只有借助于计算机才能对它进行检索。作为信息载体，它具有容易处理、价格便宜、重量轻、体积小、编制快、检索快的优点，缺点是不能直接阅读。

（二）按收录范围划分

1. 综合性检索工具

综合性检索工具综合收录多种学科和多种专业内容的文献，文献的类型和语种也较多。例如，《科学技术文献速报》《体育科技文献通报》。它收录的学科多、语种多，因此也是最常见的检索工具。

2. 专业性检索工具

专业性检索工具是以某一专业为对象编辑而成的检索工具，适合科技人员用来检索专指性的文献资料。例如，美国的《化学文摘》《数学评论》等。

3. 专题性检索工具

专题性检索工具只涉及一定专题的文献，以单卷形式不定期出版发行，优点是内容集中，学科研究针对性强。

（三）按文献来源划分

1. 单一性检索工具

单一性检索工具只存储一类文献，例如，专利文献、科技报告、学位论文、会议文献等，这种检索工具有助于用户鉴别资料的可靠程度。

2. 全面性检索工具

全面性检索工具收录两种或两种以上类型的文献，查找时只需找出使用者所需要的内容即可，而不用管这些内容记录于哪些文献，用来进行综合性检索很方便。

（四）按检索方法划分

按检索方法划分，文献资源检索工具主要有手工检索工具和机械检索工具两种。手工检索工具主要是人工进行查阅的工具，如目录、索引、题录、文摘等。这些检索工具历史悠久，故称为传统检索工具。机械检索工具是近几十年发展起来的利用力学、光学和电工学原理帮助检索的工具。机械检索工具存储文献量大，检索速度快，有着广阔的前景。但如果不具备现代化的设备和一定的经济技术条件,机械检索是不能实现的。手工检索具有成本低、便于流通、易于管理的优点。因此在较长的历史时期内,手工检索与机械检索将长期并存,互为补充。

(五)按著录方式划分

文献资源检索工具接著录方式划分有目录、题录、文摘、索引等,是检索工具最基本的类型。

1. 目录

目录是对图书及其他单独出版物的外部特征(书名、著者、出版者、出版年、页数、版本、插图等)的揭示和系统化的记载(有的还附有简短的内容提要)。它的特点是以自然出版形式(整本书、整张图、整体标准、整份资料)为著录单元来存储和检索文献。这是历史上最早出现的检索工具,如《全国新书目》是检索国内新书和了解当前出版情况的重要工具。

目录的种类很多,按其性质可分为登记统计性目录、报道性目录、推荐性目录、参考性目录等;按其使用对象可分为读者目录、公务目录等;按入藏范围可分为国家目录、地区目录等;按收录文献的出版形式可分为国家目录、期刊目录、地图目录、标准目录、专利文献目录、产品样本及说明书目录、科技报告目录等。

2. 题录

题录是在目录的基础上发展起来的。它与目录的主要不同之处在于著录的对象不同。目录著录的对象是单位出版物,而题录的著录对象是单篇文献,所以题录检索功能比目录强。

题录的著录内容是篇名、著者、文献来源和语种等。题录无内容摘要项,因此标题就是检索者判断文献内容是否合乎需要的唯一依据。

题录型检索工具又可分为报道性和检索性两种。"报道性"题录以出版周期短、报道速度快为特点。它主要的作用是向读者迅速报道新文献。"检索性"题录往往是一些大型的、比较正规的检索工具,它的特点是加工精细、收录全面、检索手段齐全。它可以帮助用户及时了解新文献的题目,但它的主要功能是全面回溯检索。

3. 文摘

文摘是以简明、深入、正确地摘录文献内容的要点来报道文献的一种检索工具。文摘是系统报道、积累和检索文献的主要工具，是二次文献的核心，也是检索工具的主体。它以简洁的形式做成摘要，使科技工作者能用较少的时间与精力掌握有关文献的内容概要。比较而言，文摘比题录多了一个内容摘要。

从现代情报的加工程序来看，文摘分为指导性和指示性文摘。指导性文摘用数百字揭示原文的论点、方法、设备、工艺流程、有关数据等，不但能帮助用户对原文的取舍做出决定，还可以部分代替原文，所以检索价值比较大。指示性文摘只介绍原文讨论什么问题，仅为用户选择文摘提供线索。

文摘检索工具用处大，可以节省科技人员的精力与时间。科技人员粗读一篇论文以判断其内容是否合乎需要，大致需要30分钟，而读文摘只需要半分钟，可以节约科技人员的时间和精力。文摘还可以帮助科技人员清除语言上的障碍。检索工具所收录的文献包括许多语种，通过阅读文摘可以抓住该篇文献的内容要点，促使需求者决定是否查索原文，并请人翻译。

4. 索引

索引是将书籍、期刊等文献中所刊载的论文题目、作者、学科主题、人名、地名、名词术语、分子式所引用的参考文献等，经过分析分别摘录出来，注明其所在书刊中的页码，并将它们按一定的规则及排列方式组织起来的一种检索工具。它可分为作者索引、主题索引、分类索引等。

索引与目录有一定的区别：目录所著录的是一个完整的出版物单位，如一种图书、一种期刊、一种报纸、一份标准、一篇科技报告。而索引所著录的则是一个完整的出版物的某一部分，如某一观点、某一知识。相对来说，索引比目录分析得更为深入、细致。

索引从形式上分为篇目索引和内容索引两种。篇目索引主要标识期刊、报纸、会议中所包括的论文，把这些论文分别按分类、主题词、作者、篇名的字序排列起来，以供用户查阅；内容索引是将图书、论文等文献中所包含的事物、人名、地名、学术名词等摘录出来编成的索引，一般附在年鉴、手册等之后，也可单独成书。索引均无简介式摘要，编辑、排印较快，出版周期短，报道范围广，数量多，是及时报道国内外文献资料的重要工具。

第三节　图书馆文献资源检索需求及路径

一、文献资源检索性质及内容分析

文献资源检索首先要从文献资源检索的性质开始分析。

（一）文献资源检索性质分析

用户应该了解自己要进行的是什么性质的文献检索。文献检索按性质划分主要有以下几种。

1. 重要文献资源检索

针对部分重大课题项目（如国家社科基金、国家自然科学基金项目等）或自行开展的有重大突破性研究的文献资源检索，我们称为重要文献资源检索。这类文献资源检索要求很高，要求有较高的查全率。用户一般需要借助专业馆员的帮助，必要时还要到科技查新站进行查新检索，并提供查新报告。有时，用户还需要到异地进行调研，搜集相关文献资源。这类检索一般需要一定的检索费用。

这类检索除要获取检索结果外，还要说明检索工具、检索范围、检索策略、检索方法等，以便为他人的研究和评价提供依据。

2. 一般文献资源检索

针对自行开展的一般性研究或普通教学需要而开展的文献资源检索，我们称为一般文献资源检索。这类文献资源检索要求不是很高，也不要求有较高的查全率。用户一般可以自己进行检索，但也需要按一定的方法进行正式的检索。这类文献资源检索一般只需查出重要的文献资源就可以了，如果检索顺利，用户一般不需要借助专业馆员的帮助，也不用开展更加广泛的文献资源调研。

3. 简单文献资源检索

针对某些简单的文献资源需要（如查找某个概念数据或某个确定的文献等）而开展的文献资源检索，我们称为简单文献资源检索。这类文献资源检索可以选择最简便的方法，只要查到我们所需要的文献资源就可结束。

当然这类检索也不一定很容易，有时可能会查不到所需文献，我们可以借助某些图书馆提供的虚拟咨询服务来解决检索问题。

（二）文献资源检索内容分析

用户在明确文献检索的性质后，就要对检索内容进行分析了。

首先，从学科角度分析检索内容属于哪个学科范畴，或属于哪些学科的交叉范畴，以便从学科角度进行检索。

其次，从主题角度分析检索内容属于哪个主题或哪些主题，以便从主题角度进行检索。

最后，如有其他已知条件，如著者信息、题名信息、期刊信息、出版年月信息等，可以作为优先检索的条件。

此外，用户如要请专业馆员进行检索，则要在文献资源检索的需求分析上投入更多的精力，向专业馆员清楚表明检索内容的学科属性、主题范围、检索范围（包括文种要求）等，同时，用户要提供足够的专业主题词汇，特别是外文专业主题词汇，以提高检索效率。

二、选择检索途径

在分析文献资源检索的性质及内容后，我们就要面临选择检索途径的问题了。选择检索途径的原则就是先易后难，先检索重要的后检索次要的，先免费检索后有偿检索。

（一）宏观检索途径策略

首先，利用图书馆数字资源进行检索。图书馆的文献资源建设是围绕学科专业进行的，目的就是为用户提供文献信息保障，因此，图书馆的馆藏应该满足用户大部分文献资源需求。对于用户来说，最方便的就是利用图书馆的数字资源进行检索。

其次，利用网络搜索引擎进行检索。在拥有网络环境的条件下，用户利用网络搜索引擎进行检索也是方便易行的。目前，网络搜索引擎很多，中文常用搜索引擎有百度、搜狐、网易等。由于搜索引擎有网络信息质量控制欠缺、覆盖面有限、信息滞后、误检率和漏检率高等缺点，因此，用户一般情况下不能用此方式作为主要手段来完成检索任务，而是把它作为一种补充。

第三，利用手工检索工具进行检索。使用上述检索手段还不能满足用户检索需求时，用户就要考虑用手工检索工具进行检索。这相对来说麻烦一点，因为我们要到图书馆进行检索，检索后还需要复印。

（二）微观检索途径策略

在选定了某一检索工具后，按照什么途径进行检索就成了微观检索途径策略需要解决的问题。

一般来说，我们要从已知条件入手。比如，已知书名、刊名、篇名等。我们就可以此为检索点，从题名途径进行检索。假如已知文献个人责任者、团体责任者，专利发明人，专利权人合同户，学术会议主办单位等，我们就可以此为检索点，从责任者途径进行检索。假如已知某一文献的特定编号，如技术标准的标准号、专利文献的专利号、科技报告的报告号或合同号、文献收藏单位的索书号等，我们就可以此为检索点，从号码途径进行检索。

当我们没有上述文献外部特征的已知条件时，就要分析所需文献的内容特征，并以此作为检索途径。以文献内容特征为检索途径，主要有以下三种类型。

1. 分类途径

分类途径是一种按照文献的学科属性进行检索的途径。其主要利用学科分类表、学科导航树、分类目录、分类索引等工具进行检索。分类检索能较好地满足学科属性检索的要求，将某一学科文献一次性检出，但往往检索出的文献较多，需要进一步检索。

2. 主题途径

主题途径是一种按照文献的内容主题进行检索的途径。该途径主要利用主题词表、主题目录、主题索引等工具来进行检索。主题检索适合查找比较具体的课题，但往往由于选词的局限性而造成查全率不高。

3. 分类主题途径

分类主题途径是分类途径和主题途径的结合。它比分类途径更具体，无明显的学术层次划分；它比主题途径更概括，但保留了主题途径准确检索的特点。

目前，文献数据库系统实现了引文链接检索，这种检索功能使我们在一次检索后，能根据检索出的文献线索的引文链接，进一步扩大检索范围，提高查全率。

三、实施检索策略

（一）选定检索词

检索词是体现文献资源检索需求和检索课题内容的基本单元，检索词选择恰当与否，直接影响检索效果。

通常而言，检索词分为四类：主题检索词、分类检索词、责任者检索词和特殊检索词。

检索词的选择和确定的主要根据是检索课题所涉及的学科专业和技术内容，必要时要使用专用的主题词表进行选词，尽量选用规范化的词汇作为检索词。由于一个概念可以用不同的词来描述，这些词从不同的角度反映同一概念的不同内涵，具有不同的切题深度和广度，所以，用户要注意对检索词进行处理，尽量使用国际上通用的术语，避免使用一词多义的词汇。选词过程中用户要注意处理好检索词的专指性和囊括性的关系。选择相对上位的检索词，有利于提高检索的囊括性，但会降低检索的专指性；而如果选择相对下位的检索词，则会提高检索的专指性，但同时降低了检索的囊括性。如何抉择，用户要根据文献资源检索的需求和检索过程的具体情况来确定，合理利用主题词的上、下位关系，正确选定检索词。

（二）构造检索表达式

检索过程还存在构造检索表达式的问题。构造检索表达式主要使用布尔逻辑算符、位址算符、截词算符、限制符等，将检索词进行组配，确定检索词之间的概念关系或位置关系，准确表达课题需求内容，以保证检索的查全率和查准率。不同的检索系统其算符也有一定的差异，在使用过程中要注意阅读使用指南。

（三）实施并修改检索策略

实施检索后，用户会得到第一次检索结果。如果检索结果较多，用户就要在第一次检索结果的基础上进行二次检索，进行缩检；如果检索结果太少，用户则要进行扩检；如果没有检出文献信息或检索结果与课题相关度较小，用户就需要更改检索策略。

四、检索结果的筛选

文献资源检索从检索出结果到提供使用，中间还需要经过筛选。因为被检索出来的大量文献中，存在着良莠不齐的信息，我们需要筛选出重要和有代表性的文献。在筛选过程中，我们需要从以下方面考虑。

（一）可靠性筛选

可靠性指文献资源的真实性和准确性。可靠性筛选主要看文献逻辑推理是否严谨，是否有精确的实验数据为依据，内容阐述是否清楚，内容是否具有一定的深度和广度，所持观点是否有充分的理论与实践依据。对于技术性文献，我们还要看其技术内容是否翔实，其成果是处于实验探索阶段还是生产应用阶段。我们要尽量筛选出立论科学、论据充分、数据精确、阐述完整、技术成熟的文献。

除了从文献的内容进行考察筛选外，我们还可以从文献的著者、出版单位、来源类型等方面进行筛选。通常由著名专家撰写、著名出版社出版、官方或专业机构人员提供的文献可信度较高。

另外，我们也可从文献的引用情况、实践应用情况、同行评议情况、编辑评语等方面进行筛选。

（二）先进性筛选

文献的先进性是指文献在科学技术或思想艺术上具有某种创新或突破。我们对检索出的文献进行筛选可以从内容、形式、时间、空间等方面着手。

从内容上筛选，我们要选出那些阐述新的定理、定律、技术的文献。同时，我们还要注意那些在某一方面有所创新的文献，如在原有知识基础上提出新的观点、假说、理论的文献，在原有技术基础上提出新方案、新工艺、新设备和新措施的文献，阐述原有技术和经验在新领域如何应用的文献等。

从形式上筛选，我们要考虑资料来源、发表时间、地域性技术专长、经济效益以及社会反映等因素，优先选择技术先进国家发表、世界著名期刊相互转载、经济效益好、社会反映好的文献。

从时间上筛选，我们主要选择从来没有报道过的有关内容的文献。当然，我们要结合其内容的先进性进行筛选。

从空间上筛选，我们要考虑地域的科技发展因素，注意选择发表专长技术的文献。

（三）适用性筛选

文献的适用性是指文献对用户需求的满足程度。文献的适用性一般受到文献利用者所处地理环境、气候、自然资源条件、科技水平、经济能力、人员的信息素养等因素的影响。

在适用性筛选过程中，我们要根据研究课题的目的、要求，成果应用的时间、地点来进行具体的分析。符合研究需要的文献，就是有参考价值的文献。

第六章　图书馆文献信息资源的利用

随着社会经济和科学技术的蓬勃发展，人类逐步迈入知识信息高速发展的时代，现代图书馆作为文献信息收藏中心和先进文化传播中心，承担着提高人民群众科学文化素质的重任。图书馆的职责不仅仅是收藏文献资源，更是最大限度地利用文献资源。但是，就当前的状况来讲，我国图书馆仍存在一些文献资源开发利用程度低、开发利用的结构不合理的问题。随着文献量的激增，未充分利用和零次利用的文献资源数量越来越多。造成这种状况的原因有很多，如图书馆的服务不符合读者的要求，人们对文献资源利用的意识较弱等。本章对这些情况进行了分析，内容分为图书馆文献资源的利用状况、图书馆文献资源的管理与利用两部分。

第一节　图书馆文献资源的利用状况

一、馆藏结构不合理

目前，藏书数量仍然是衡量一个图书馆办馆水平的主要指标，重量轻质的现象在基层图书馆还有存在，而且有些图书馆的文献资源建设缺乏科学系统的购置体系，导致馆藏图书结构不合理，不能够满足读者多样化、个性化的阅读需求。

二、购书经费短缺

部分基层图书馆购书经费不足，面对书刊价格持续上涨的压力，图书馆的书刊订阅量持续减少，新书更新缓慢，馆藏图书陈旧，文献利用率不高。

三、馆员综合素质欠缺

图书馆工作人员管理理念和专业素质的欠缺，导致馆员对文献资源开发利用的意识不够，服务方式落后，在文献资源宣传、为读者检索文献资料方面难以满足读者的需求。

四、读者信息检索能力欠缺

读者缺乏文献检索的专业能力，在面对庞大而复杂的文献信息时，不能快速准确找到自己所需的文献资料，从而影响了文献资源的利用效率。

第二节 图书馆文献资源的管理与利用

一、优化资源结构

随着现代科学技术的发展，新的文献载体不断涌现，如视听文献、缩微文献、电子文献和网络信息等。馆藏文献载体形式的改变，使图书馆文献资源建设扩展为信息资源建设。为此，图书馆要做到以下方面：第一，要继续加强印刷型文献资源的建设，注重提高文献信息搜集的完整性、系统性，加强文献信息标准化工作和馆际间的合作关系，实现资源共建共享。第二，注重新型媒体文献的入藏。如缩微制品、光盘、数据库等，特别要注意入藏光盘、联机数据库、电子图书、电子报刊、多媒体文献等数字化信息产品。第三，优化馆藏结构，加强特色建设。特色馆藏是文献资源建设的核心内容，是提高馆藏质量的重要手段，也是图书馆自身建设的发展方向。图书馆一方面要加强对本地区地方文献的调查研究工作，紧密结合本地区的经济特色、资源特色、文化特色进行特色文献的收集工作，做到"人无我有""人有我优"；另一方面可通过对特色资源的数字化，建设地方特色数据资源库，为地方文化研究提供丰富的资源。

二、合理配置文献信息资源

图书馆文献购置经费是有限的，而需要购置的文献资料则是无限的，这就要求图书馆制定科学的藏书采购体系，根据本馆读者的结构变化、读者对文献的实际需求以及本地区的政治、经济、文化、教育方面的发展情况做出计划，考虑本馆重点藏书与一般藏书的比例关系，注意不同学科、不同载体文献的采集比例，重视一般读者和特殊读者的需求，合理安排全年购置经费。图书馆既要保证读者当前的需求，也要适当考虑读者长远的需求，以最大限度地满足读者的需求为出发点，注重效益，使藏书得到充分利用。

三、促进资源共建共享

文献资源共建共享是图书馆信息资源建设的必然趋势，有效提高了文献资源的利用率，最大限度地节约人力、物力和财力，加强馆际间的交流与协作，发挥出图书馆的整体优势。一些图书馆存在馆藏资源发展不平衡、资源重复建设的现象。因此，我们有必要建立信息资源共建共享体系，改变过去分散发展、小而不全的传统封闭式文献资源建设方式。建立区域文献资源共建共享联盟，采取统一领导、统一规划、自愿平等、优势互补、互利互惠、共建共享的原则，加强各类型图书馆之间的合作协调，通过文献传递、联合参考咨询等方式，有效发挥各个图书馆的文献优势，最大限度地利用、开发文献资源。

四、加强专业馆员的培训

图书馆的工作人员是文献资源的操作者，是提高信息服务质量的关键。为了能够适应信息技术的迅猛发展，图书馆要采取多种措施，不断提高工作人员的综合素质。首先，图书馆要加强工作人员的教育培训，鼓励馆员学习计算机技术、网络知识和其他学科知识，提高知识信息的组织和加工能力，使图书馆工作人员从传统的管理员转变为合格的信息导航员。同时图书馆还要积极引进有专长、有较强管理能力的图书情报专业人才和网络信息技术人才，不断提高馆员队伍的知识层次、学历层次，改善馆员队伍的结构。其次，图书馆要培养工作人员的信息服务意识，提高服务质量，以适应不断提高的信息资源服务要求，满足读者信息服务的各种需要。

五、加强用户的信息素养

目前，我国能够熟练掌握网络信息技术的用户并不很多，这成为用户利用网络信息的最大障碍。因此，加强对用户的培训，强化用户的信息意识，是新时期信息服务的客观要求。图书馆要采取多种形式，如开设文献信息检索讲座、宣传栏、书评、展览等活动，指导用户掌握各类工具书和文献检索技巧，帮助用户学会如何利用电子文献，如何选择数据库，如何从网上获取所需信息等，引导他们更好地利用图书馆的信息资源。

参考文献

[1]曹树金,杨涛,陈忆金,等.网络环境中公共图书馆和高校图书馆用户需求实证研究[M].北京:学习出版社,2015.

[2]王吉芳,赵世华.新技术环境下信息服务理论与实践创新[M].北京:北京邮电大学出版社,2015.

[3]刘玲,齐诚,马楠.互联网+时代图书馆跨界融合研究[M].北京:经济日报出版社,2018.

[4]金晓林,杨静.图书馆特色数据库建设现状研究[M].赤峰:内蒙古科学技术出版社,2018.

[5]刘时容.且为繁华寄书香:高校图书馆阅读推广理论与实务[M].北京:新华出版社,2018.

[6]王印成,包华,孟文辉.高校图书馆信息管理与资源建设[M].北京:经济日报出版社,2018.

[7]陈珊珊.高校图书馆创新服务实践与指导研究[M].成都:电子科技大学出版社,2018.

[8]孙爱秀.图书馆管理与信息应用[M].沈阳:沈阳出版社,2019.

[9]王建雄,林昱.图书馆信息平台的理论基础与技术开发[M].沈阳:沈阳出版社,2018.

[10]刘文文.新技术环境下大学图书馆创新与发展研究[M].北京:中国商业出版社,2018.

[11]周义刚.数字图书馆动态知识管理研究[M].北京:中国书籍出版社,2019.

[12]郑丽.信息时代高校图书馆发展与创新探索[M].济南:山东大学出版社,2018.

[13]张丰智,李建章."双一流"建设背景下高校图书馆建设与服务[M].

北京：北京邮电大学出版社，2019.

　　[14]梁瑞霞."互联网+"环境下图书馆创新服务模式研究[J].中文信息，2018（3）：26.

　　[15]王鑫雨.网络环境下高校图书馆信息共享空间构建研究[J].科学技术创新，2018（31）：69-70.

　　[16]陆康.智慧服务环境下高校图书馆大数据应用价值研究[J].高校图书馆工作，2019（5）：36-41.

　　[17]崔跃华.大数据环境下高校图书馆的创新服务研究[J].中外企业家，2019（24）：112-113.

　　[18]周蕊.大数据时代高校图书馆阅读推广创新研究[J].内蒙古科技与经济，2019（21）：140-141.

　　[19]刘娟，王钊，黄照翠.大数据背景下高校图书馆智慧服务创新研究[J].科技风，2019（33）：92.